DESISTIR? NUNCA!

UMA HISTÓRIA DE DETERMINAÇÃO E EMPREENDEDORISMO

SAIDUL RAHMAN MAHOMED

DESISTIR?
NUNCA!

UMA HISTÓRIA DE DETERMINAÇÃO E EMPREENDEDORISMO

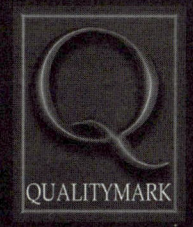

QUALITYMARK

Copyright© 2010 by Qualitymark Editora Ltda.

Todos os direitos desta edição reservados à Qualitymark Editora Ltda.
É proibido a duplicação ou reprodução deste volume, ou parte do mesmo,
sob qualquer meio, sem autorização expressa da Editora.

Direção Editorial SAIDUL RAHMAN MAHOMED editor@qualitymark.com.br	**Produção Editorial** EQUIPE QUALITYMARK producao@qualitymark.com.br
Capa W2Design Wilson Cotrim	**Produção Editorial** K2 Design e Serviços Ltda atendimento@k2design.com.br

1ª Edição
2010

CIP-Brasil. Catalogação-na-fonte.
Sindicato Nacional dos Editores de Livro, RJ

M182d

    Mahomed, Saidul Rahman

        Desistir? nunca! / Saidul Rahman Mahomed. - Rio de Janeiro : Qualitymark, 2010.
        180p.

        ISBN 978-85-7303-951-1

        1. Mahomed, Saidul Rahman. 2. Empreendedorismo. 3. Planejamento estratégico.
    4. Perseverança. I. Título.

10-3621   CDD: 658.42
                                                                                                      CDU: 005.411

2010
IMPRESSO NO BRASIL

Qualitymark Editora Ltda.   www.qualitymark.com.br
Rua Teixeira Júnior, 441   E-mail: quality@qualitymark.com.br
São Cristóvão - Fax: (21) 3295-9824   Tel: (21) 3295-9800 ou (21) 3094-8400
20921-405 – Rio de Janeiro – RJ   QualityPhone: 0800-0263311

DEDICATÓRIA

Ao meu pai (in memorium), que desde cedo me educou para a vida!

Às mulheres que reinam na minha vida:

Minha mãe HAWABU, pelo exemplo constante de luta e sacrifícios.

Hamida, companheira de todas as horas, que com seu amor incondicional sempre me apoiou e acreditou, ficando do meu lado!

Kaamila, a luz da minha vida que, como farol, sempre serviu de estímulo para a realização desse sonho.

AGRADECIMENTOS

A André Leite Alckmin (in memorium), grande guru que, com a sua paciência e sabedoria, me orientou e apostou no meu talento.

Aos meus colaboradores que sempre acreditaram que podemos fazer melhor.

A todos os amigos (e são muitos), fornecedores e parceiros, que sempre acreditaram que seria possível.

A todos os autores que confiaram os seus escritos para serem publicados.

Aos leitores e clientes, pela preferência.

Muito obrigado!

APRESENTAÇÃO

"O grande objetivo que nos une no Movimento de QPC – Qualidade, Produtividade e Competitividade é a busca permanente da melhoria da gestão e novas tecnologias nas organizações brasileiras. Essa melhor gestão gera resultados que elevam o país a um crescimento sustentável, capaz de garantir mais qualidade de vida para todos. A parceria do Mahomed, da Qualitymark Editora, ao longo de mais de 20 anos na missão de disponibilizar o conhecimento organizado em gestão, se traduz em uma contribuição importante na construção da caminhada da Gestão da Qualidade no Brasil."

Dr. Jorge Gerdau Johannpeter
Presidente do Conselho de Administração do Grupo Gerdau.
Presidente do Conselho Superior do MBC – Movimento Brasil Competitivo e do PGQP – Programa Gaúcho de Qualidade e Produtividade.

PREFÁCIO

É com imenso orgulho que escrevo este prefácio. Orgulho pela grandeza dessa obra e mais ainda por saber que muitos dos inúmeros admiradores do Saidul Mahomed gostariam de estar no meu lugar. Isto porque os que militam na área de recursos humanos e no mundo editorial têm uma relação de afetividade e profissionalismo com o Mahomed e a Qualitymark.

Mahomed está no grupo daqueles que compreendem que "somos aquilo que nós quisermos ser". E se distingue por perceber muito cedo que precisamos ser o protagonista de nossa história, construída no equilíbrio da vida pessoal e profissional.

É o que prazerosamente encontramos neste livro, ao proporcionar aos leitores uma leitura límpida e quase que narrativa do seu cotidiano. Mahomed deixa muito clara a sua proposta de vida e a tenacidade com que sobrepõe todos os desafios que enfrentou e, como ele mesmo diz, "com muita garra" e profundo reconhecimento a Deus, companheiro sobrenatural de todos os seus passos.

XII ♦ DESISTIR? NUNCA!

Ao se sentir impelido a escrever este livro, como uma resposta à sua esposa que tanto esperou por esse momento, Mahomed não imaginava o quanto esse seu compartilhar de experiências vividas são essenciais. É um testemunho da capacidade empreendedora de uma pessoa que transformou o curso de uma ou mais vidas.

Tenho sido convidada a participar de bancas de trabalhos para escolhas de iniciativas empreendedoras. O que vejo sempre é que o empreendedor tem em si uma capacidade de buscar caminhos alternativos na busca incansável da realização dos seus sonhos. Não foi diferente com Mahomed, pela tenacidade com que buscou realizar a sua meta de empreender o seu próprio negócio, nos ramos que ele mais se destacava: o livreiro e a editoração.

O seu empreendedorismo veio de uma oportunidade, negativa por certo, que foi o exílio de Moçambique. Viajou para o Brasil buscando refúgio com sua família que, apesar da origem familiar rica, precisou recomeçar e buscar o seu próprio caminho.

Outro ponto forte da característica empreendedora está na capacidade de se relacionar. Tal atributo ficou bem claro não somente na sua persistência de buscar adesão de grandes empresas, como a Rhodia, bem como na sua luta para se aproximar de Deming, o grande líder da qualidade que esteve no Brasil.

É interessante observar no livro a visão altamente estratégica de Mahomed quando diante das adversidades: estudava cada situação e traçava metas para realização, que seguramente contribuiu para ser o líder de sucesso que hoje ele é, admirado por todos que o conhecem.

Nós, do Sistema Nacional ABRH – e eu principalmente, por ser do Rio de Janeiro, onde Mahomed reside e trabalha – temos um grande orgulho de acompanhar toda essa trajetória de sucesso que, sem dúvida, esta obra retrata. Muito devemos a Mahomed pelo esforço de promover as ações da ABRH pelo Brasil.

Conhecendo a simplicidade de Saidul, imagino o quão difícil foi para ele escrever este livro e relatar a sua própria história de vida e, por consequência, a sua escalada de sucesso frente a tantos desafios.

Esta obra revela um exemplo de imigrante, cheio de sonhos, que deixa um legado para as novas gerações e em especial da língua portuguesa. Mostra ser possível perseguir os seus ideais e vencer com muita dignidade, profissionalismo e, principalmente, valorizando a família, contagiando e conquistando amigos.

A Qualitymark Editora é o símbolo da sua vitória, mas chamo a atenção para a forma reconhecida e de muita sensibilidade com que ele se refere a todos aqueles que o apoiaram e o incentivaram em toda a sua trajetória. Aqui está a grandeza da pessoa do autor e do líder.

Leyla Nascimento

Presidente da ABRH Nacional e Sócia-Diretora do Instituto Capacitare

SUMÁRIO

Capítulo 1. A Fuga 1

Capítulo 2. O Começo 5

Capítulo 3. Fé Inquebrantável! 9

Capítulo 4. Início do Aprendizado 13

Capítulo 5. Um Oportunidade de Ouro 19

Capítulo 6. O Encontro com o Guru W. Edwards Deming 25

Capítulo 7. Em Busca do Sonho 31

Capítulo 8. Montando o Alicerce do Sonho 35

Capítulo 9. Barbie 37

Capítulo 10. A Sócia 39

Capítulo 11. O Esforço 43

Capítulo 12. O Sonho em Movimento 47

Capítulo 13. O Dilema 53

Capítulo 14. O Rompimento 57

Capítulo 15. Acertando as Dívidas 61

XVI ♦ DESISTIR? NUNCA!

Capítulo 16. O que é do Homem, O Bicho não Come 65

Capítulo 17. Céu de Brigadeiro? 67

Capítulo 18. Karma ou Crise? 69

Capítulo 19. Noite de Terror! 71

Capítulo 20. Plano de Contingência 75

Capítulo 21. Plano Financeiro 79

Capítulo 22. Estratégia para Recuperação do Estoque 83

Capítulo 23. Atenção a Detalhes Pode Fazer a Diferença 87

Capítulo 24. Rotação de Livros e Novas Oportunidades 93

Capítulo 25. Oportunidade de Arriscar 97

Capítulo 26. O Mercado Editorial 105

Capítulo 27. Ainda o Mercado Livreiro 111

Capítulo 28. Vendas Diretas 115

Capítulo 29. Garimpar Autores 117

Capítulo 30. Ouvindo a Voz do Cliente 125

Capítulo 31. Alianças e Parcerias – Uma Fonte
             Inesgotável de Oportunidades 127

Capítulo 32. Personalização – Um Diferencial Imbatível! 129

Capítulo 33. Executive Excellence 133

Capítulo 34. Mudança da Marca 137

Capítulo 35. Recursos Humanos da Editora 141

Capítulo 36. O Futuro 153

Capítulo 37. Palavras Finais 155

capítulo 1

A FUGA

Onze de maio de 1977!

Uma garoa acinzentava a maravilhosa cidade do Rio de Janeiro.

Mergulhados em lembranças recentes, mal conseguíamos perceber que as nossas vidas ganhariam um novo rumo.

Um misto de medo, e por outro lado de alívio, despertava-nos para uma nova realidade. Medo de uma vida nova, sem referências e família. Alívio por estarmos vivos.

A nossa saída de Moçambique tinha sido dramática. Deixamos para trás uma história de vida, familiares e bens materiais. Envolvidos pelo turbilhão de mudanças de regime governamental, não nos restara outra saída.

A independência de Moçambique estava sendo muito dolorosa para nós. Projetos e sonhos acabavam ali, por ironia do destino.

2 ♦ DESISTIR? NUNCA!

Ainda sob o impacto da fuga desesperada, nervosos pelo futuro incerto, não conseguimos sequer admirar a beleza da cidade maravilhosa, vista do ar.

O medo e a ansiedade se apossaram de nós. Mal tínhamos conseguido absorver a adrenalina da desesperada fuga. Sair de Moçambique com vida era uma vitória.

Engolidos pelo túnel do tempo, as lembranças e recordações de toda uma vida passaram por nós, numa fração de segundo.

É como se alguém simplesmente apagasse nas nossas memórias todas as lembranças de uma vida que até aquela data tinha sido muito boa.

Deixamos para trás uma vida de fausto e fartura.

Regressávamos ao Rio de Janeiro depois de sete meses. Só que agora o motivo era outro.

Sete meses antes tínhamos conseguido o que até aquela data era impossível ou inviável. Deixe-me explicar melhor.

Nós somos de origem indiana de castas diferentes, mas muçulmanos.

Infelizmente, fomos vítimas de um preconceito enraizado na cultura indiana. Dois indivíduos de castas diferentes, mesmo sendo muçulmanos, tinham dificuldades de se unir pelo laço do casamento. Naquela época, casar era um sonho quase impossível.

Vivíamos desde 1972 uma verdadeira odisseia de amor.

No arroubo da nossa juventude, sempre tivemos a convicção de que um dia casaríamos. Depois de muitas idas e vindas, de brigas familiares, de separações e reencontros, finalmente o bom-senso prevalecera e os meus sogros, longe da sociedade maniqueísta, resolveram abençoar o casamento.

Só que eles tinham optado por tentar o Brasil, para começar uma nova vida.

Casamos em outubro de 1976 e, depois de uma curta lua de mel em Lisboa, retornamos para Moçambique para começar a nossa vida conjugal.

Acreditávamos que ali, no seio dos parentes e amigos, pudéssemos construir o nosso futuro.

Tínhamos a confiança de uma sólida estrutura financeira e familiar, o que facilitaria a nossa vida a dois.

Infelizmente, esse sonho durou só sete meses. Quando menos esperávamos o destino novamente girara a roleta.

Aquele medo, a ansiedade, a garganta seca e um turbilhão de pensamentos impediram-nos de apreciar aquela aterrissagem.

Lembro que não conseguíamos falar ou exprimir qualquer opinião.

Eu percebi, nos olhos da minha mulher, o medo de um futuro incerto. Aquele olhar angustiado me apavorou.

Demos as mãos e agradecemos a Deus pelo fato de estarmos vivos.

A nossa saída era devido a uma escolha pessoal. Após a libertação de Moçambique, e dentro das normas do Acordo de Lusaka, quem tivesse nascido na ex-colônia poderia optar pela cidadania portuguesa.

O novo governo, sob a égide do Partido da Frelimo, simplesmente ignorou os termos desse acordo e determinou a expulsão de todos aqueles que fizeram essa opção.

4 ♦ DESISTIR? NUNCA!

Saímos de Moçambique por conta de uma lei que popularmente foi denominada de "20-24-20", que significava 20 quilos, 24 horas e 20 dólares para deixar o país.

O êxodo fora significativo. Milhares de pessoas deixaram o país, onde tinham construído toda uma história de vida.

Essas pessoas largaram para trás seus bens e, com isso, o país, além de perder uma força laboriosa, perdia os seus melhores talentos intelectuais. Tudo isso por conta de uma revolução, de uma independência justa, mas traumática por conta dos ideais que nortearam os líderes da época, muito mais preocupados em vingar a opressão de uma longa colonização. Infelizmente não levaram em conta a dimensão humana, os laços de afetividade e os elos que ligavam aquelas pessoas à sua terra. Um erro histórico, cujo preço foi o atraso do país!

Os olhos marejados, mas teimando em não deixar rolar as lágrimas, embaçaram a nossa visão, enquanto o avião silenciosamente pousava no antigo aeroporto do Galeão. Não pudemos admirar o maravilhoso show de um novo amanhecer.

O IMPORTANTE É QUE ESTÁVAMOS VIVOS!

capítulo 2

O COMEÇO

Aquela sexta-feira cinzenta jamais será esquecida. Aprendi que a vida e a morte são temporárias, mas a liberdade é a única coisa permanente!

Livres, tínhamos uma oportunidade de reiniciar uma vida nova num país hospitaleiro.

A escolha pelo Brasil se devia ao fato de haver uma identidade linguística, o fascínio pelo país de dimensão continental e a cultura que nos aproximava e com a qual nos identificávamos.

Ao câmbio da época, os nossos 400 dólares foram convertidos em 6.000 cruzeiros.

Foi com esse capital que iniciamos uma nova vida.

Desse dinheiro, pagamos 250 cruzeiros para um motorista de táxi inescrupuloso, que cobrou a corrida do aeroporto até a Lapa. Gastamos mais 250 cruzeiros com a diária de hotel.

No sábado pela manhã, alugamos uma quitinete em Copacabana por uma temporada de três meses. Pagamos 4.500 cruzeiros. Sobraram apenas 1.000 cruzeiros.

A nossa "fortuna" se resumia a esse dinheiro e às roupas do corpo.

Portanto, não havia tempo a perder!

No domingo comprei o jornal O GLOBO e no caderno de classificados selecionei alguns anúncios de emprego (bons tempos aqueles... porque havia muita oferta) e fui à luta.

Ao responder a um desses anúncios, que achava ser para recepcionista de um hotel (um emprego que cairia como uma luva pelo fato de dominar alguns idiomas), descobri que era para vender enciclopédias.

Na entrevista fui informado de que a minha situação legal no país era de turista. Como tal, não podia exercer qualquer atividade profissional.

Vislumbrei naquela entrevista uma oportunidade e assim comecei a minha atividade profissional no Brasil.

É importante registrar que, não fosse pela sensibilidade de Alejandro Peres, um espanhol que era o Diretor de Vendas, as coisas teriam tomado outro rumo.

Graças à sua interferência, consegui a oportunidade que precisava para iniciar a vida no Brasil.

Após um rápido treinamento, comecei a trabalhar com vendas. O desafio de viver numa cidade totalmente desconhecida, com um ritmo frenético, era assustador.

Aprendi a conhecer a cidade do Rio de Janeiro. Por conta dessa atividade, conheço a cidade melhor do que muitos cariocas.

E assim, com a venda de enciclopédias, fui definitivamente inoculado pelo vírus do livro.

Percebi que o livro poderia ser o meu futuro e, na época, decidi que um dia teria a minha própria editora.

capítulo 3

FÉ INQUEBRANTÁVEL!

Na Bloch Distribuidora iniciei uma carreira vencedora. Três meses após a admissão já me destacava em vendas e rapidamente consegui a função de Supervisor de Campo. Passados seis meses, conquistava a gerência de vendas. Nos seis anos que trabalhei lá, conquistei quatro campeonatos consecutivos como Gerente de Vendas Regional e obtive, por várias vezes, a glória de ver a minha gerência campeã de vendas no Brasil.

Os primeiros oito meses no Brasil jamais serão esquecidos. A adaptação a novos costumes e a ausência de familiares e amigos dificultaram muito esse processo.

Os meus sogros decidiram retornar a Portugal, porque lá teriam mais oportunidades.

Nós optamos em continuar no Brasil.

Essa atitude, além de estreitar a relação, nos ensinou a valorizar a família. Juntos, enfrentamos os piores momentos.

A fé em Deus, a quem sempre rogamos proteção, nos encorajou a persistir na busca de uma vida melhor.

Nas nossas orações suplicávamos para não fraquejar e que, de alguma forma, os caminhos se abrissem.

A fé inquebrantável nos dava a confiança de que ELE não nos faltaria!

A vida testava duramente os nossos limites.

Foram momentos muito ruins, porque até fome passamos, mas a esperança de vitória, de uma vida digna, pavimentava o nosso sonho. A luta era grande, mas a crença em que tudo se acertaria era enorme. Não podíamos enfraquecer nem esmorecer.

Lembro que, por falta de dinheiro para o ônibus, eu caminhava de Copacabana até a Cinelândia. Em dias de chuva, colocava cartão nos sapatos, porque as solas totalmente gastas deixavam passar a água.

Enquanto batalhava com a venda de enciclopédias, a minha esposa conseguira um emprego provisório, à base de comissões e sem carteira assinada, numa loja de joias no Aeroporto Internacional. Essa empresa ajudava com um auxílio-transporte, que permitia usar o frescão (ônibus com ar-condicionado). Só que ela preferia pegar três ônibus e assim economizar parte do dinheiro.

E, acredite, era com a sobra desse dinheiro que nós comprávamos o pão e o leite. E assim fomos tocando a nossa vida.

Aos poucos fomos criando um círculo de amigos e conhecidos e reconstruindo o que perdêramos.

O nosso primeiro passo foi mudar de apartamento. Conseguimos alugar um na Tijuca, no terceiro andar de um prédio sem elevador.

Lembro, com grande saudade, da expressão do Sr. Manoel Valente (um português que foi um pai para nós, que acreditou na nossa palavra e alugou o imóvel sem fiador), que, vários dias após tomarmos posse do apartamento, não vira a mudança chegar.

Mal sabia ele que o nosso único bem era a roupa de corpo que trouxéramos naquela fuga desesperada.

A ideia inicial era montar o apartamento.

Cozinhávamos para o dia a dia.

Não tínhamos geladeira e, no calor infernal que sempre fez nos verões cariocas, o Sr. Manoel teve uma importância capital ao nos oferecer uma garrafa de água gelada diariamente.

A compra da geladeira era primordial, porque nos permitiria conservar as sobras dos alimentos.

Os inúmeros prêmios de incentivo, que ganhava com as vendas, aos poucos ajudaram a montar o nosso modesto apartamento.

Apesar de todas as dificuldades, o nosso dia a dia era fortalecido nas orações e na fé de que aquela fase era transitória e que certamente teríamos dias melhores.

Era uma questão de tempo. A estabilidade seria duramente conquistada!

capítulo 4

INÍCIO DO APRENDIZADO

Depois de uma carreira vitoriosa na Bloch Distribuidora, pedi demissão ao ser preterido na promoção para a Superintendência de Vendas.

Numa jogada suja, meu superintendente – com medo de perder os ganhos que a minha gerência representava para o seu bolso – manobrou para bloquear a minha promoção.

Fiquei um ano desempregado, por opção própria. Estava determinado a só trabalhar em empresas do ramo editorial.

Nesse período sobrevivi como guia turístico e com vendas informais (mochileiro). Apesar de ter ficado desempregado um ano, foi nesse período que ganhei muito dinheiro. Ali eu entendi que ser empreendedor poderia ser uma boa saída e obter ganhos maiores.

Um belo dia um anúncio no jornal O GLOBO chamou a minha atenção. Era de uma editora multinacional, abrindo vaga para gerência de vendas. Enviei o currículo e fui selecionado após várias entrevistas e dinâmicas.

O aprendizado de campo com a venda de enciclopédias e o domínio de vários idiomas ajudaram a fazer a diferença.

E assim comecei na divisão de livros de medicina da CBS Discos-Editora Interamericana (grupo americano que possuía na época 48 editoras).

Nessa empresa aprendi a arte de planejar e trabalhar com orçamentos. Tive o trabalho reconhecido por ter desenvolvido um novo canal de vendas. A empresa era forte fornecedora de livros para a formação da classe médica.

A minha função era identificar novos canais de vendas, e a indústria farmacêutica se tornou uma grande oportunidade, pelo fato de gastarem vultosas quantias em ações de marketing.

Percebi que poderia ampliar muito as vendas ao desenvolver projetos especiais para a indústria farmacêutica. Substituí a folhetaria promocional de remédios por fascículos de livros de medicina, que tinham nas capas e contracapas a propaganda dos produtos farmacêuticos.

Um *case* emblemático foi quando, a pedido do Laboratório Biogalênica, desenvolvi uma campanha marcante para incrementar a venda do *Higroton*, um remédio para pressão arterial. Esse produto já era carro-chefe do laboratório, mas suas vendas estavam estagnadas. Havia a necessidade de incrementar as mesmas. Desenvolvi uma campanha mista, utilizando discos de vinil de clássicos da música (como Bach, Mozart, Vivaldi entre outros) e um livro de tratamento de hipertensão arterial. A campanha se resumia em entregar, a cada visita do promotor do laboratório, um disco com músicas clássicas – e que culminou com a entrega do livro fasciculado.

Foi um estrondoso sucesso de posicionamento de marca e que chamou a atenção de laboratórios concorrentes. E assim eu fui transformando os maiores laboratórios em meus clientes.

O meu trabalho foi reconhecido pela matriz nos EUA, que replicou o modelo em outros países. Vendia cerca de um milhão de dólares por ano em projetos especiais.

Cinco anos depois, essa divisão foi vendida para a Editora Guanabara Coogan, um grupo nacional. Declinei do convite para trabalhar nesse grupo e aceitei o da Editora Record, a maior editora brasileira de livros de ficção, para supervisionar e desenvolver a área de projetos especiais.

Essa foi uma oportunidade excepcional, ao me colocar na melhor editora do mercado brasileiro.

Aprendi muito, vendo como um dos maiores editores brasileiros, Sr. Alfredo Machado, atuava.

Foram apenas seis meses. Mas seis meses intensos!

Sob a brilhante liderança de Márcio Guilherme de Sá, diretor comercial, tive o privilégio de participar do lançamento do livro *O Perfume,* de Patrick Suskind.

Esse lançamento, pelas suas estratégias de marketing, se tornou um *case* do mercado editorial.

Numa ação inédita, os principais jornais brasileiros publicaram em três quartos da sua primeira página, num domingo, o anúncio de um livro.

Esse fato jamais se repetiu depois desse evento.

O livro saiu com uma pré-venda de 170.000 exemplares (eu vendera para o laboratório Carlo Erba/Farmitália 25.000 exemplares, que seriam ofertados como brinde de final de ano).

Recorde de lançamento, o livro ao longo da sua carreira superou a marca de um milhão de exemplares vendidos.

O maior "guru" da propaganda brasileira, Washington Olivetto, na época declarou que aquela era a campanha que ele gostaria de ter feito.

Em novembro de 2006, 20 anos após, foi lançada a versão cinematográfica desse livro.

Outros sucessos vieram a reboque dessa obra e me lembro, com saudades, do livro de Gabriel Garcia Marques, *O Amor nos Tempos de Cólera*, que se transformou em outro sucesso retumbante.

Trabalhar nesta editora valeu o aprendizado de uma faculdade. Rico, positivo e inesquecível.

Pude entender como funciona uma grande máquina editorial.

Vi o lado bom e o lado ruim de funcionamento de uma empresa, na qual percebia uma ausência de alma, embora o dedo do capitão fosse forte.

Observando o trabalho do grande editor (talvez o maior que este país já teve) Sr. Alfredo Machado, descobri que, para o sucesso editorial, era preciso muita intuição, muito trabalho e um pingo de sorte.

Nas conversas com os colegas compreendi o estilo de liderança desse gênio.

Tive muitos outros sucessos nessa empresa, mas o maior aprendizado foi descobrir como uma grande organização era lenta na resposta à demanda dos clientes.

Aprendi que vale a pena encantar o cliente, mesmo que para isso seja necessário quebrar paradigmas. Aprendi que o maior patrimônio de uma empresa é a lista de clientes satisfeitos e que esses não hesitam em trocá-la se os requisitos e expectativas não forem atendidos.

Descobri que o meu maior patrimônio era a relação de clientes que construí com trabalho sério, dedicado e profissional, ao longo de anos.

Nesse breve e curto aprendizado, percebi que, apesar da grandeza da corporação, precisava estar feliz comigo em primeiro lugar.

Aí tomei uma difícil e corajosa decisão.

Era dia 23 de dezembro, véspera de Natal, quando pedi demissão da Editora Record. Ela ficara pequena para a minha ambição.

Tive a coragem de pedir demissão porque me angustiava trabalhar numa empresa que não tinha a sensibilidade de buscar soluções ou alternativas para o desempenho da minha atividade profissional.

Doía ter que deixar aquela empresa, porque ainda poderia aprender muito.

Mesmo assim, não arredei pé da minha decisão.

capítulo 5

UMA OPORTUNIDADE DE OURO!

Antes mesmo do ano-novo, recebi um convite para trabalhar numa gráfica que pretendia montar uma editora...

Mais uma vez, a roleta da sorte girava a meu favor.

Esse novo emprego serviu para a complementação da minha formação editorial.

Eleita a área infanto-juvenil como foco, fui responsável pela identificação dos livros de RPG (*Roling Playing Games*), que viraram uma verdadeira febre editorial.

Descobri e pude entender em detalhes como funciona uma gráfica. Esse rico aprendizado abriu oportunidades de pôr em prática, no meu negócio, soluções ousadas e inovadoras.

Era a peça que complementava a minha formação profissional.

Outro grande aprendizado é que empresas familiares, em algum momento, têm que buscar a profissionalização.

Infelizmente essa empresa, devido a conflitos de liderança entre pai e filho, perdeu oportunidades de conquistar fatias de um mercado promissor.

A inépcia em tomadas de decisões, a falta de ousadia em correr riscos, a ausência de determinação em atingir os objetivos traçados me ensinaram várias lições.

Descobri que numa empresa familiar, os papéis dos seus proprietários têm que estar claramente definidos, para que haja harmonia e permita à empresa crescer sem sobressaltos.

Nessa empresa, o grande problema era que o dono acabara de ocupar a presidência aos 45 anos de idade – e com um filho de 22 anos cheio de disposição para mostrar competência.

O garoto sonhador via seus projetos invariavelmente boicotados, por ausência de definição ou seguimento. Os projetos morriam no nascedouro, por absoluto desconhecimento do mercado ou por ausência de um plano de negócio consistente.

Viviam da história do avô, este, sim, um empreendedor de fibra e da fortuna que o mesmo amealhara ao longo dos anos, através de trabalho duro.

Para manter o meu padrão de vida, complementava o meu salário com a comissão de vendas de produtos gráficos.

Sempre me destaquei em vendas e obviamente comecei a vender muito. A empresa entrou numa fase de prosperidade inédita, com projetos especiais e novos clientes.

O dono (que apresentava uma falsa liderança paternalista) propôs, à época, transformar as minhas comissões numa espécie de poupança.

Como tinha planos de comprar um apartamento, achei conveniente aceitar a proposta (erro que depois lamentei amargamente).

Ao longo de três anos de atividade nessa empresa, acumulei uma poupança à época equivalente a 20 mil dólares.

A motivação aos poucos se esvaía, por conta de inúmeros projetos abortados, alguns pela inexperiência na avaliação e outros pela ausência de visão e percepção por parte dos donos.

O tempo foi passando e Fernando Collor foi eleito presidente do Brasil.

Tempo de mudanças em todos os sentidos!

Ali aconteceria uma ruptura de modelo e o país se obrigaria a ser mais competitivo.

Esse governo quebrou paradigmas e a abertura do mercado foi um fato consumado.

Atento à conjuntura político-econômica, sinalizei aos donos da gráfica que ali surgia uma oportunidade ímpar.

Sugeri que deveriam investir rapidamente numa área inédita no mercado editorial brasileiro, que era Qualidade e Produtividade.

As empresas brasileiras precisavam se adaptar a um novo jogo de mercado, mais duro e competitivo, onde sobreviveriam apenas aquelas que tivessem qualidade e produtividade.

A constatação dessa verdade era reforçada pelo fato de eu ter lido o livro de Mary Walton, uma jornalista americana, *O Método Deming Para a Qualidade e Produtividade*.

Descobrira este livro na Feira Mundial do Livro de Frankfurt, em outubro de 1986.

Ele não estava nas prioridades da editora, focada em infanto-juvenil.

Alguns meses antes, um engenheiro do Sindicato de Cobre, Leon Aldeztain, contara para mim a fascinante história de Deming, o homem que revolucionara o Japão com os seus conceitos de qualidade e produtividade.

Eu não imaginava como aquele livro mudaria radicalmente a minha vida e os princípios em que acreditava.

Na bibliografia do livro descobri o *Out of the Crisis*, obra máxima da qualidade, escrita pelo grande guru W. Edwards Deming.

Convenci os donos da gráfica a comprarem os direitos autorais daqueles dois livros.

Durante o processo de preparação do livro de Mary Walton, a Gazeta Mercantil publicou um artigo de Nelson Savioli, na época diretor de recursos humanos da Rhodia, no qual ele comentava o desconhecimento por parte dos brasileiros sobre a obra de Deming.

Contatei o Nelson e fui a São Paulo, para informá-lo que estávamos preparando o lançamento do livro da Mary Walton.

Lembro com saudades da reunião que tive com o Nelson, o Berenger (Diretor Industrial) e o André Leite Alckmin (que virou meu mestre e inspirador), na época o responsável pela condução do PRHOEX-Programa Rhodia de Excelência.

Nessa reunião tomei conhecimento que a Rhodia fizera uma tradução do *Out of the Crisis* para uso interno. Após a nossa conversa, saí com um pedido de compra de 1.500

exemplares do livro da Walton e a cessão sem ônus de uso da tradução que a Rhodia fizera. Mais a promessa de uma compra de 2.000 exemplares para distribuição interna.

Aqui quero fazer um reconhecimento à Rhodia, na época liderada pelo Edson Vaz Musa, por ter investido naquela obra, ao acreditar que estava contribuindo fortemente para a disseminação dos conceitos da Qualidade e Produtividade.

Participei de vários encontros dos amigos da Rhodia, nos quais eles apresentavam para os clientes e fornecedores o andamento do seu programa de excelência. Este trabalho ganhou repercussão nacional e internacional. Foi num desses encontros que, pela primeira vez, conversei com o grande empresário Jorge Gerdau, hoje ícone da batalha da competitividade.

Depois do lançamento do livro da Walton, comecei a ter contato com o pessoal da AFCQ-Associação Fluminense de Círculos da Qualidade, capitaneada pelo Romeu Carlos Lopes de Abreu, profissional da Petrobras.

Descobri, então, que empresas como a Petrobras, Nuclebrás, White Martins, entre tantas outras, já estavam familiarizadas com as ferramentas e os conceitos da qualidade e produtividade.

O que faltava era a literatura em língua portuguesa que auxiliasse na propagação desses conceitos mais rapidamente.

Ali estava a oportunidade que mudaria a minha vida!

capítulo 6

O ENCONTRO COM O GURU
W. EDWARDS DEMING

Durante o processo de produção do livro do Dr. Deming, que em língua portuguesa ganhou o título de *Qualidade, a Revolução da Administração,* iniciei uma relação com o autor para dirimir algumas dúvidas. E foi nesse período que, através da Cecília (Ceil) Kilkian, secretária do Dr. Deming, fiquei sabendo que ele viria ao Brasil para ministrar um curso.

Esse curso teve a duração de quatro dias e foi promovido pela Autolatina (fusão entre as montadoras automobilísticas Ford e Volkswagen).

Fiquei maluco com a possibilidade de poder estar com o "GURU".

Só não sabia como isso seria possível. Depois de algumas trocas de faxes com a Ceil, soube que ele ficaria hospedado no Hotel Transamérica, em São Paulo.

Conversei com o Luiz Cunha (dono da consultoria Engequal) e decidimos que tentaríamos organizar uma reunião com o grande guru. Ele faria os contatos com alguns profissionais para participarem dessa reunião, e eu ficaria com a responsabilidade de organizar esse encontro.

Era um tremendo desafio e então percebi que não seria assim tão fácil.

O Dr. Deming vinha de Paris diretamente para São Paulo e estava com problemas de saúde.

Fui a São Paulo para tentar esse encontro. Quando cheguei ao Hotel Transamérica, percebi que a Autolatina montara uma verdadeira operação de guerra para proteger o Dr. Deming. Além de uma equipe médica e de ambulância à disposição 24 horas, a empresa simplesmente montara um cordão de isolamento para preservar a saúde do Dr. Deming.

Além de fecharem o oitavo andar do hotel, eles chegaram ao cúmulo de contratar uma secretária brasileira, chamada Cecília, para atender o Dr. Deming.

Descobri a suíte do Guru e liguei. Fui atendido pela Cecília, que imediatamente vetou qualquer possibilidade de contato com o Dr. Deming. Somente o pessoal da Autolatina poderia autorizar. Lá fui eu para São Bernardo do Campo falar com o Márcio Migues, gerente da qualidade, responsável pela organização do evento. Depois de mais de duas horas de espera, fui atendido por um supervisor de qualidade que, em vez de estimular, ainda me desancou. Percebi que as chances de sucesso eram remotas.

Precisava bolar outra estratégia rapidamente.

Voltei para São Paulo e passei um fax para

>> Ed Baker e Dr. W. Edwards Deming

a Ceil. Ela me orientou a procurar a estagiária americana Nida Bakaikis, que acompanhava o Dr. Deming.

Sexta-feira decidi contatá-la.

Como a segurança no hotel era muito rigorosa, fingi ser um hóspede e entrei no elevador junto com a Nida. Fiz uma rápida apresentação e, depois de algumas subidas e descidas do elevador, ela me acenou que consultaria o Dr. Deming sobre a possibilidade desse encontro.

Quando saí do elevador, a segurança inteira me esperava. Quase apanhei mas, graças à divina providência, o Márcio me liberou.

Depois desse episódio, ganhei a amizade do Márcio Migues.

Para a minha alegria, Nida voltou e confirmou que o Dr. Deming nos atenderia no sábado à tarde.

Agora precisava arrumar a sala para essa reunião e obviamente que a mesma teria que ser no próprio hotel.

Liguei para o meu chefe e pedi autorização para alugar a sala e convidei-o para ir a São Paulo, para se encontrar com o Guru.

Para a minha surpresa recebi um **NÃO** bem sonoro e ainda que ele não autorizava o gasto com a sala do hotel.

Boquiaberto, decidi que eu mesmo pagaria as despesas da sala – e assim o fiz.

Até hoje não consigo entender como alguém pôde menosprezar a oportunidade de poder estar com o Pai da Qualidade. Conheço pessoas no mundo inteiro que pagariam fortunas por essa oportunidade.

A reunião com o Dr. Deming para um grupo de 20 pessoas foi histórica.

Várias pessoas convidadas em cima da hora se prontificaram em comparecer no sábado, às 16 horas, em São Paulo. Lembro bem do Dr. José Paulo Silveira, que na época era superintendente do Centro de Pesquisas da Petrobras, assim como do Dr. Zarur da Eletrobrás.

Às 16 horas em ponto o Dr. Deming, acompanhado da Nida Bakaikis, do Ed Baker (Diretor da Qualidade da Ford EUA) e de mais alguns outros profissionais, chegou.

A emoção daquele encontro é indescritível. Fizemos relatos sobre o Brasil, e a mim coube falar sobre a Educação.

Lembro até hoje quando o Dr. Deming disse, claramente, que a minha missão seria trabalhar com a Educação.

Palavras proféticas!

Registramos essa reunião e tivemos a felicidade da primeira leitura pública do *Profound Knowledge,* um capítulo inédito que seria um passo além do que era proposto no seu livro *Out of the Crisis.* O Dr. José Paulo Silveira leu esses 15 pontos (que depois voltaram a ser 14 após árduas discussões com o grupo de estudos do Dr. Deming). Recebemos uma cópia fotografada desse manuscrito.

Depois, durante a preparação do livro, consegui que o Dr. Deming autorizasse o uso desse texto, que abriu a edição brasileira do seu livro. Essa edição é a única no mundo que traz esse *paper*. Para mim, um motivo de orgulho.

Durante o processo de produção do livro, o Dr. Deming sempre se prontificou a esclarecer as minhas dúvidas. Esse contato era feito via fax.

Para minha alegria fui convidado a participar de vários seminários nos EUA. E o melhor, sem ter que pagar as elevadas taxas de inscrição.

Num evento em Washington entreguei pessoalmente para o Dr. Deming a versão em português do seu livro.

>> Saidul R. Mahomed entregando a edição em Português do livro OUT OF THE CRISIS ao Dr. Edward Deming

Saudades de ter sido reconhecido publicamente e carinhosamente chamado de "*My Brazilian Publisher*" pelo grande guru.

Fui aplaudido em Washington D.C. por 1.500 altos executivos, quando o Dr. Deming esclareceu para o público que eu achara um erro no livro (o exercício das contas vermelhas). Várias edições já tinham sido preparadas e ninguém jamais apontara esse erro.

Podem imaginar a minha emoção! Sem palavras!

Estávamos no final de 1989 e depois de uma venda personalizada para a Autolatina, de 4.000 exemplares, resolvi ter uma conversa com os meus chefes.

Apontei e sinalizei para os meus patrões que em vez de insistir com a linha infanto-juvenil, onde a concorrência já era muito forte, o ideal e interessante seria desenvolver outra linha editorial, que contemplasse o atendimento a essas novas expectativas e demandas.

Essa falta de percepção e visão – assim como a insistência em querer investir na área infantil – tirou a possibilidade de se criar essa linha editorial que, com pouco investimento, poderia dar a liderança do mercado.

Era melhor ser pioneira e se transformar em líder numa área onde as outras editoras tradicionais levariam mais tempo para descobrir e investir (o que de fato aconteceu) e posicionar a marca fortemente num nicho que iria crescer.

A ausência de liderança, a falta de um objetivo claro e a teimosia em insistir numa direção cristalizaram a minha vontade de largar o emprego.

A motivação estava a zero e então, mais uma vez, tomei a decisão de sair, porque acreditava que era melhor ficar desempregado do que trabalhar desmotivado.

Hoje agradeço a Deus por eles não terem acreditado na minha sugestão!

Pedi demissão!

O meu destino começava a ganhar corpo!

capítulo 7

EM BUSCA DO SONHO

Era o início de 1990.

O pedido de demissão pegou-os de surpresa.

O fato de sempre ter sido muito franco me levou a cometer um erro grave.

Esclareci que o motivo da minha saída se devia a divergência de objetivos e que eu iria montar a minha própria editora.

Ingênuo, apostava que poderia contar com o apoio deles para a impressão dos meus futuros livros.

Como era credor das comissões, que na época eram superiores a 20 mil dólares, achei que teria o capital necessário para montar o próprio negócio. Na minha boa fé, acreditei que ao sair da empresa eles pagariam essas comissões. Calculava que, com a rescisão, teria um capital em torno de 30 mil dólares para começar a minha editora.

Pensei que com aquele montante poderia alçar um voo solo!

Podem imaginar o que aconteceu. Eles se recusaram a me pagar.

Ao tentar receber pacificamente as minhas comissões, fui informado de que nada me deviam. Para ganhar tempo, me propuseram uma conversa após a volta de uma viagem ao exterior do dono da empresa.

Estressado, fui para Porto Seguro descansar.

Depois de alguns dias, enquanto eu descansava e ao mesmo tempo planejava a minha editora, o ex-presidente Collor congelou as poupanças.

Foi um caos na vida de todo mundo. Estava em Porto Seguro, com pouco dinheiro e apenas o cartão de crédito, que felizmente alguns restaurantes ainda aceitaram.

Na minha volta para casa, percebi que a minha poupança real estava reduzida a apenas duzentos dólares.

Insistindo em receber as minhas comissões, estava disposto a negociar. Como se mostraram irredutíveis, decidi recorrer à Justiça para receber o que me era devido.

Eles apostaram na possibilidade de que, sem dinheiro, o meu projeto seria abortado.

Além disso, para me intimidar, lançaram a calúnia de que seria preso por falsidade ideológica.

Descobri que a minha carteira de trabalho apresentava uma rasura que me era imputada.

Após muitas idas e vindas, muitas manobras diversionistas, o julgamento foi marcado.

Para me defender da acusação de falsidade ideológica, contratei o escritório do Dr. Celso Del Picchia, renomado datiloscopista, para que emitisse um laudo da minha carteira de trabalho.

O resultado desse laudo demonstrou que a rasura tinha sido feita pelo meu ex-patrão. Este, além de caloteiro, mostrava ser um falsário.

Essa disputa, uma verdadeira via crucis, durou cinco anos.

capítulo 8

MONTANDO O ALICERCE DO SONHO

Só que não contavam com minhas tenacidade e persistência.

Sem dinheiro, reduzido ao capital de US$ 200,00 decidi que aquele era o momento certo de investir no meu sonho.

Só que as coisas ainda iam ficar mais tenebrosas.

Durante a Copa do Mundo de 1990, após o desastroso jogo do Brasil contra a Argentina, sofri um acidente, ao cair com uma garrafa de refrigerante. O dedo maior da mão direita quase foi decepado.

Fui operado e, durante a convalescença, recebi um convite de uma editora de livros técnicos. A vaga era para ocupar a supervisão de projetos especiais. A proposta era tentadora e essa editora possuía um bom catálogo.

As condições de fazer um bom salário e a oportunidade de crescimento só dependeriam da minha competência.

A aceitação daquele emprego eliminaria os problemas financeiros. As despesas de casa eram pagas com o salário da minha esposa.

Para a minha estabilidade financeira, o ideal era que aceitasse aquele convite.

Além de prover o sustento, poderia, ao longo do tempo, fazer uma nova poupança.

Mergulhado no dilema entre aceitar ou não, após uma longa reflexão decidi não aceitar o convite. O apoio da minha esposa, mesmo passando dificuldades financeiras, foi fundamental para a recusa da proposta. Eu tinha do meu lado uma pessoa que se sacrificava para poder realizar o meu sonho.

Isso me deu alento a não desistir!

Decidi montar a editora e batalhar para pôr meu sonho em ação.

Por ironia do destino, logo em seguida recebi do Raul Vasquez, meu ex-diretor-presidente na Discos CBS, uma proposta para ir trabalhar no México.

Ele queria que eu cuidasse da Divisão de Vendas Especiais.

Essa proposta era muito tentadora porque, além do salário em dólares, receberia um generoso pacote de benefícios.

Novamente o meu sonho falou mais alto!

capítulo 9

BARBIE

Não podia desprezar o apoio que recebera da minha esposa, de que persistir na busca desse sonho era o caminho a seguir.

Tive vontade de desistir por várias vezes, porque o preço que estava pagando era muito alto. Isso me incomodava! Achava que não podia sacrificar tanto a família com essa situação.

A entrada da documentação, para regularizar a empresa, demorou uns longos meses e, enquanto eu aguardava a emissão da mesma, fui desenvolvendo o meu plano de negócios e um pequeno planejamento.

Só que o essencial eu não tinha, que era dinheiro.

O momento mais dramático foi o Natal de 1990.

Pela primeira vez não pude dar uma boneca Barbie para a minha filha.

Difícil foi explicar para uma menina de 9 anos que naquele Natal ela não ganharia qualquer presente.

Jurei que trabalharia incansavelmente para mudar aquela situação e que nos anos seguintes ela ganharia quantas Barbies quisesse.

Ali eu ganhei uma nova motivação.

capítulo 10

A SÓCIA

Após algum tempo, montei a Qualitymark Editora e convidei para ser minha sócia uma ex-assistente editorial da gráfica, de onde eu saíra.

Montamos a editora com 50% de cotas para cada um, mas sem dinheiro.

Lembro que, na véspera de registrar o contrato social da empresa na Junta Comercial, a minha esposa propôs que eu lhe desse 1% da sociedade. Juntos teríamos a maioria.

Ela acenava com a possibilidade de conseguir um empréstimo, da ordem de cinco mil dólares, junto a seus familiares, em troca desse 1% das cotas. Na opinião dela, o ideal era ficarmos com 51% e a minha sócia com 49%.

Teimoso, decidi que a sociedade seria na base de 50% para cada sócio.

Esse foi o meu segundo erro.

Como lamentei não ter concordado com a minha esposa!

Por ironia, o dinheiro para o registro da documentação foi emprestado pela minha esposa.

Isso porque minha sócia não tinha recursos e dependia do emprego para pagar as contas.

O acordo era de eu primeiro organizar toda a parte burocrática e, só depois disso resolvido, ela largaria o emprego, quando a editora já estivesse funcionando.

O endereço para registrar a editora foi oferecido por um amigo contador. A editora começou a funcionar na minha casa. Minha sala de visitas virou o escritório por um bom tempo.

Morava na Tijuca no terceiro andar de um prédio sem elevador.

Enquanto a documentação corria os seus trâmites, fui preparando em casa o primeiro livro, escrito pelo Dr. Jairo Mancilha, cardiologista especializado em prevenção coronária.

Ele acenava com a compra de 200 exemplares, o que ajudaria a pagar parte dos custos.

Para poder imprimir os livros, ofereci ao dono da gráfica o meu carro – um Ford Del-Rey – como garantia.

Caso não honrasse a duplicata, ele ficaria com o carro.

Era uma aposta alta, mas eu tinha a certeza de que conseguiria honrar o compromisso.

O primeiro livro da Qualitymark foi *Você e o Seu Coração*.

Na preparação do livro uma série de amigos colaborou. A Celeste, uma profissional que ainda trabalhava naquelas máquinas de escrever da IBM, fez a editoração com a promessa de receber depois o pagamento.

A logomarca foi desenhada pelo Otávio Studart. José Carlos, velho amigo e que me ensinou muito sobre a arte de fazer livros, foi quem auxiliou na negociação com o dono da gráfica e quem fez o acompanhamento gráfico dessa obra. Hoje, o José Carlos é o coordenador do Departamento de Produção. É o meu oásis, pela tranquilidade que passa ao garantir os prazos de produção dos livros. E hoje trabalhamos simultaneamente com 8 a 10 livros por mês, já tendo chegado a 30.

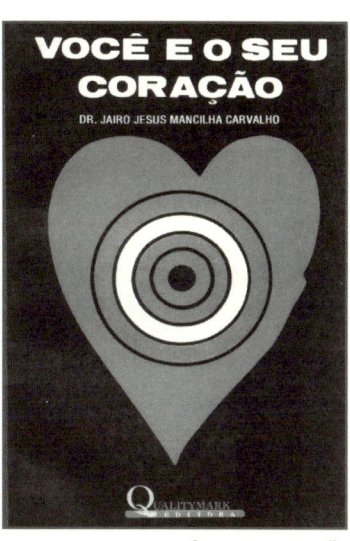

>> Capa do livro VOCÊ E O SEU CORAÇÃO

Para poder cumprir o prazo de pagamento desse livro, varei noites no Prontocor da Tijuca. A cada paciente que era internado, eu aproveitava para vender o livro para os seus familiares. E foi assim que atingi o ponto de equilíbrio. Eu tinha 28 dias para pagar a duplicata, senão perderia o carro. Em 25 dias consegui resgatá-la.

Aliviado, decidi vender o carro para poder financiar a produção do segundo livro. Com parte da venda, comprei uma Fiat UNO 1993, em bom estado.

O adiantamento dos direitos autorais do livro *O Método Deming Para a Qualidade e Produtividade*, de Bill Scherkenbach, foi pago com esse dinheiro.

Aí a roleta da sorte girou novamente a meu favor. A Rhodia comprou 1.500 exemplares desse livro. Isso representava metade da tiragem vendida.

Além de comprar essa quantidade, ela ainda incentivou a vinda do autor ao Brasil, o que ajudou muito a promover o livro.

Por recomendação, os fornecedores da Rhodia também passaram a adquirir os nossos livros.

Esse apoio foi fundamental, porque ajudou a viabilizar alguns títulos.

Eles foram grandes parceiros e acreditaram na possibilidade de auxiliar um jovem a tocar o seu sonho.

Sou eternamente grato.

capítulo 11

O ESFORÇO

Para economizar o frete, eu enchia a UNO de livros e dirigia até São Paulo, Belo Horizonte ou Vitória (as primeiras praças) para fazer a entrega aos distribuidores.

Aproveitava a ida para visitar os clientes e prospectar novas oportunidades de negócios.

Trabalhava uma média de 14 a 15 horas por dia. Por duas vezes, quase capotei na Rodovia Presidente Dutra, vencido pelo sono. Graças à proteção de Deus, escapei dessas situações.

Enquanto identificava novos títulos, procurava novos clientes para a colocação dos livros. Aos poucos, fui montando uma pequena rede de distribuidores. Eles não acreditavam que a editora desse certo. Muitos apostaram no fracasso e perderam!

Em 1991, André Leite Alckmin, amigo de primeira data e com o tempo meu mentor e *coacher*, convidou-me a acompanhá-lo aos Estados Unidos, para participar do Congresso Anual da Qualidade.

O evento era em Milwaulkee, sede da ASQ-American Society for Quality.

Passagem financiada em 24 vezes, viajei com 250 dólares para os Estados Unidos, para participar desse congresso.

O primeiro susto foi ao chegar na cidade e constatar que a minha mala fora extraviada.

Não tinha terno para assistir à cerimônia de abertura. Como conhecia um pouco dos direitos de viajante, fui a uma loja de departamentos e comprei uma calça, camisa, gravata e um casaco. A companhia aérea me reembolsou em seguida. Assim, pude ir convenientemente trajado ao evento.

>> Mahomed na Galeria da ASQC

Eu tinha conseguido uma inscrição como cortesia por parte dos organizadores.

Essa oportunidade foi plenamente aproveitada, porque consegui conquistar a confiança do Diretor de Marketing, Mark Loeb, que no ano seguinte concedeu a autorização para representá-los no Brasil.

Ali conquistei a exclusividade da Quality Press, o braço editorial da Associação. O inédito é que eles nunca tinham dado essa concessão para uma empresa. Somente a associação irmã da Austrália gozava desse privilégio.

Essa permissão fez com que a minha editora aparecesse em 130 mil catálogos semestralmente publicados por eles. Assim, nas negociações com editoras e autores, passei a ter uma carta de referência muito forte, que facilitou os entendimentos.

Essa formidável rede de relacionamentos também facilitou muito na identificação de novos títulos, assim como de estender convites a profissionais visitarem o Brasil para proferir palestras e ministrar cursos. Nesses eventos eu vendia os meus livros.

Graças a esse formidável network, a Qualitymark conseguiu sair na frente dos concorrentes, abordando temas como assédio sexual, serviços, meio ambiente, ISO 9000, responsabilidade social, entre vários outros temas.

Essa capacidade de buscar o inusitado é hoje uma das marcas da nossa editora.

Fomos e somos pioneiros em algumas áreas. Buscamos ser a referência nessa área.

Daí em diante, até 2002, não perdi qualquer congresso da ASQ-American Society for Quality.

capítulo 12

O SONHO EM MOVIMENTO

Em 1991, o Brasil lançava oficialmente um programa para a qualidade e a produtividade, o PBQP (Programa Brasileiro da Qualidade e Produtividade).

O movimento da Qualidade ganhava um impulso definitivo, com a criação das câmaras setoriais. Sob a liderança da Ministra Dorothea Werneck e sob a batuta de Antônio Maciel Neto (atual presidente da Suzano Celulose do Brasil) e do atual Deputado Federal (ES) Luiz Paulo Velozo Lucas e tantos outros excelentes profissionais, ingressei como voluntário nessa causa. Fui extremamente bem acolhido e isso possibilitou aumentar o meu conhecimento sobre vários temas. Nunca tinha participado de um planejamento estratégico. Lá tive a oportunidade de, ao longo de 10 anos, ver, aprender a planejar e depois conferir os resultados desse planejamento.

Logo após a primeira participação na reunião do planejamento estratégico em Brasília, decidi que a Qualitymark teria que ter um.

Foi quando escrevi o planejamento da nossa editora. Com pequenos ajustes, esse planejamento até hoje serve como mapa do negócio. Os valores nos quais acreditamos são a nossa bússola para trilhar esse mapa.

Todo o planejamento foi, ao longo dos anos, sendo concretizado.

As metas foram atingidas, houve o posicionamento da editora no mercado, tudo isso dentro dos parâmetros nos quais acreditava. Tudo foi possível por ter um planejamento consistente.

No PBQP descobri uma série de brasileiros, devotados e engajados com o crescimento do Brasil. Pessoas que despendiam a maior parte do seu tempo e esforço para transformar o nosso Brasil num país mais competitivo. Percebi que nos serviços públicos também existem verdadeiros patriotas abnegados, cujo único e principal objetivo é servir ao país.

Infelizmente, os exemplos que ultimamente temos visto são os piores possíveis.

Ali descobri a dimensão de se trabalhar para o bem público. Entendi que se engajar em um movimento de impacto social pode contribuir para amenizar a vida dos mais sofridos.

Aprendi a entender que valores, como ética e profissionalismo, podem fazer a diferença. O PBQP era um movimento que não tinha dotação orçamentária e tudo que acontecia era de forma voluntária. Os parceiros do programa, cada um dentro das suas possibilidades, viabilizavam os congressos e seminários nacionais e internacionais para o intercâmbio de conhecimento.

Tenho verdadeiro orgulho de ter feito parte desse processo e daquele grupo!

Em 1992, a convite da Ministra Dorothea, organizei o Fórum Mundial da Qualidade e Produtividade em Brasília. Convidamos mais de 15 países para apresentarem os seus programas. Tivemos, entre outros, representantes dos EUA, Inglaterra, Espanha, Coreia e Tailândia.

Trouxemos ao Brasil o editor Scott Patton, da Quality Digest, a segunda maior revista temática do mundo. No ano seguinte trouxemos o editor Brad Stratton, da Quality Progress, a maior revista do mundo sobre qualidade.

Organizei também o primeiro e o segundo Fórum Mundial da Educação na área da Qualidade em Brasília, a convite do Ministro Murilo Hingel e da professora Cosete Ramos.

>> SCOTT PATTON (EUA) editor da Revista Quality Digest, Mahomed, Hamida Mahomed, Bong Jo Lee (Coreia do Sul), Nagpan Chayayonodin (Tailândia), Paul Collier e esposa (Canadá), Representante de Paraguai e Antonio Tomoteo (Espanha).

FÓRUM INTERNACIONAL – Excelência na Educação: [Desa]fio da Qualidade Total – Brasília (15, 16 e 17 Set. 93)

O movimento da Qualidade e Produtividade seguia em ritmo acelerado.

Fui procurado pela engenheira Ana Maria Rutta, Fernando Mattos e Pierry Hildebrando, coordenadores do PGQP-Programa Gaúcho da Qualidade e Produtividade, tendo como desafio trazer o Dr. Deming, o grande guru da

50 ♦ DESISTIR? NUNCA!

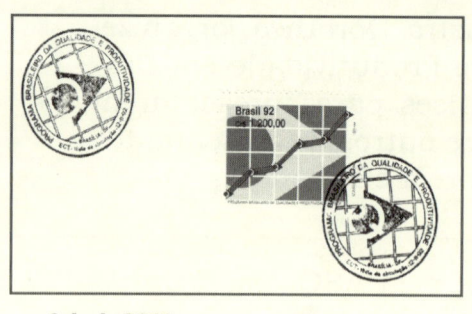

>> Selo do PBQP

Qualidade, para o lançamento do Programa Estadual.

Dr. Deming estivera em 1987 no Brasil a convite da Autolatina e, com a idade avançada, enfrentava sérios problemas de saúde. Após consultar o Dr. Deming, recebemos a recomendação de trazer Mary Walton, jornalista do *Phildelphia Inquirer* e autora do livro *O Metódo Deming de Administração*.

Com a presença de Mary Walton e de Peter Scholtes, autor do best-seller *Times da Qualidade*, demos partida ao Programa Gaúcho da Qualidade e Produtividade, o maior programa em atividade no mundo, com adesão de mais de um milhão de pessoas.

>> Ana Rutta, Fernando Matos, Mary Walton, Mahomed e tradutora

>> Mahomed, Mary Walton, Hamida e Peter Scholtes

Este programa é hoje referência para outros programas estaduais e, a cada ano, tem gerado grandes benefícios para toda uma região e suas empresas.

Tenho orgulho de fazer parte dele desde o seu lançamento.

Hoje atuamos como voluntário no MBC-Movimento Brasil Competitivo, que tem a liderança do Dr. Jorge J. Gerdau. As principais organizações brasileiras, assim como as mais expressivas lideranças, participam ativamente desse movimento.

No dia 25 de maio de 2010, Dr. Jorge J. Gerdau foi agraciado com a medalha Juran, pela ASQ-*American Society for Quality*. Ele é o primeiro latino-americano a conquistar este prêmio. Esta medalha é o reconhecimento pela causa da qualidade e produtividade fomentada no nosso país, sob a liderança deste empresário.

A percepção que tenho a cada dia é que, neste país, temos muitos sonhadores e quando eles cerram fileiras as coisas acontecem, mesmo sem o apoio governamental.

A participação nesses movimentos, assim como a adesão à UBQ-União Brasileira da Qualidade, auxiliou muito a divulgar a editora.

Infelizmente, a crônica falta de recursos não permitiu um crescimento acelerado, já que éramos a única editora publicando livros sobre Qualidade e Produtividade.

>> Mahomed no evento da UBQ em Vitória

>> José Parada e Mahomed

capítulo 13

O DILEMA

Todos os recursos e lucros que a editora obtinha eram reinvestidos no próprio negócio.

Vivi um verdadeiro dilema nos primeiros anos da empresa.

As altas taxas de impostos estrangulavam praticamente o fluxo de caixa. Ainda mais para quem não tinha capital de giro.

As receitas eram casadas com os pagamentos devidos. Não sobrava nem para o *pro labore*, quanto mais para pagar impostos.

Pagar ou sonegar, era o dilema. Se pagasse, a editora fatalmente faliria. Não pagando, gerava um dilema de consciência.

De repente, todo o esforço poderia naufragar levando junto o sonho!

Decidi que primeiro faria a editora crescer e quando ela atingisse uma saúde financeira estável, cumpriria as obrigações fiscais e tributárias.

Com o tempo, conseguimos regularizar a situação. Os impostos no Brasil penalizam a atividade produtiva e há uma necessidade de o governo se sensibilizar para diminuir a carga tributária. Acredito que a sonegação seria drasticamente diminuída e assim poder-se-ia arrecadar mais.

Coloquei como prioridade a quitação dos débitos junto aos fornecedores e parceiros. Isso com o tempo fortaleceria a credibilidade da empresa. Consegui a duras penas honrar esses compromissos.

Os primeiros cinco anos da editora foram uma loucura só. Viagens constantes pelo país para montar os canais de distribuição, participar de eventos que permitissem dar visibilidade para as nossas publicações e buscar novas oportunidades de negócios e parcerias.

Foram anos de muito trabalho, em que tive de abrir mão de muitas coisas.

Projetos foram adiados, mas o pior era constatar que a minha única filha estava crescendo e eu, a cada dia, estava mais ausente.

A ficha só caiu quando, um dia, ela me chamou no quarto e me perguntou se eu sabia quantos dias passara em casa naquele ano. Respondi que, na pior das hipóteses, mais de 200 dias. Para minha surpresa, ela pegou a agenda e me mostrou que eu só tinha estado em casa por 76 dias. Ou seja, os finais de semana e eventualmente um ou outro dia. Expliquei que aquele sacrifício era necessário, porque estava trabalhando para dar um futuro mais promissor para ela.

Só que a questão era: a que preço?

Talvez hoje repensasse muito essa perversa relação, mas graças a Deus sou um pai afortunado por ter uma filha maravilhosa, que entendeu o sacrifício.

capítulo 14

O ROMPIMENTO

Como expliquei anteriormente, tive uma sócia na Qualitymark.

A nossa relação de sociedade tomava um rumo que não me agradava muito. Primeiro, a minha sócia só largou seu emprego quando percebeu que a editora já estava começando a trilhar os primeiros passos.

Depois de algum tempo, com a editora funcionando na minha casa – que já virara depósito de livros – decidimos alugar uma pequena sala na Tijuca.

Só que durante vários meses subi e desci com caixas de livros os três andares do prédio onde morava, já que não tinha elevador.

Paguei um preço muito alto pelo esforço de tanto carregar caixas. Recentemente sofri uma cirurgia para tirar duas hérnias de disco, corrigir um nervo necrosado e colocar um disco novo e seis pinos.

Mas quando você está embalado pelo próprio sonho, focado nos seus objetivos, tudo isso perde significado. No automático, vai superando a sua capacidade física, desafia os limites da resistência, descuida da saúde e começa a virar noites para cumprir os objetivos. Este é o preço que os empreendedores, na sua maioria, pagam!

Mas ver o sonho se materializar supera qualquer doença; receber o reconhecimento de um trabalho bem feito compensa todos os esforços.

A minha relação com a minha sócia silenciosamente se desgastara.

Nós tínhamos tarefas definidas. Ela cuidaria da produção dos livros e de parte da administração. Eu faria a parte editorial e comercial.

Vivia praticamente a semana toda viajando e, nos fins de semana, ainda ajudava a fazer as planilhas de pagamentos.

Já tínhamos uma pequena equipe: uma jornalista, uma coordenadora de produção, uma secretária administrativa, um designer e o office-boy. Ou seja, já estávamos gerando empregos.

A cada retorno de viagem percebia que a situação da editora não melhorava, apesar das fortes vendas. Isso começou a me incomodar.

Eu já não tinha o *pro labore* e só conseguia pequenas retiradas para complementar alguns pagamentos de despesas caseiras.

Era uma situação desconfortante.

O copo estava começando a transbordar. E a gota d'água que provocou isso aconteceu em 1993. Tive uma forte discussão com a minha sócia, por ela reclamar da falta de recursos para cobrir o cartão de crédito pessoal.

Ela preferia quitar o cartão de crédito pessoal com o dinheiro que estava destinado para os salários dos funcionários.

Para mim, o salário dos meus funcionários é prioritário, porque desde pequeno aprendi que isso era um dever sagrado.

Eu sempre tive valores muito fortes, por conta da educação familiar e religiosa. Posso abrir mão de uma série de coisas, mas jamais deixar na mão quem confia em mim.

Vinha percebendo pequenas distorções nas contas da empresa.

Apesar de um faturamento razoável, tínhamos muitas dificuldades para saldar os compromissos.

Sentia que as coisas não caminhavam do jeito que sonhara e que existia algo no ar, mas que não sabia o que era. Tinha a sensação de algo errado acontecendo.

Tivemos uma forte discussão. Os meus valores estavam muito distantes dos dela. Naquele instante, num acesso de raiva, decidi terminar a sociedade.

Expus que, se ela quisesse, eu venderia a minha parte e iria cuidar da minha vida. A reação foi inusitada.

Ela ficou sem entender, e então perguntei se ela venderia a sua parte, já que não pretendia continuar como sócia.

No calor da discussão, ligou para o companheiro, convocando-o na editora.

Este já chegou querendo decidir na violência e isso me deixou encucado. Eu sempre tinha sido cordial com ele. Tinha algo errado naquela postura.

Tive um princípio de enfarte, mas fui prontamente socorrido pela minha esposa, que me levou a uma médica.

Infelizmente, essa separação não foi amigável e, após uma longa e extenuante disputa judicial (16 meses), a minha ex-sócia se viu obrigada a vender a sua parte.

E aqui volto àquele 1% que a minha esposa tanto me pedira. Se tivesse a maioria das ações, certamente não teria que disputar na Justiça.

capítulo 15

ACERTANDO AS DÍVIDAS

Após 16 meses de briga judicial, a minha ex-sócia aceitou a minha oferta.

A minha esposa, que somente tinha pedido 1%, se tornou a minha nova sócia com 50% das ações.

Durante o período da disputa judicial, amigos meus me recomendaram diminuir o ritmo, porque a decisão judicial era uma incógnita.

No íntimo, eu sabia que ela seria favorável para mim.

Este período foi extremamente desgastante, emocional e fisicamente.

Eu estava muito focado em fazer a editora crescer. Esse era o meu compromisso e só dependia do meu empenho.

O mercado amadurecera e demandava publicações na área da Q&P.

Obviamente a minha carga de trabalho simplesmente dobrou.

Não deixei que a peteca caísse. Pelo contrário, trabalhamos mais do que nunca e aumentamos não só o faturamento da empresa, como também a visibilidade da mesma.

Corríamos contra o tempo, para atender as demandas.

Mas eu ainda tinha uma pendência fiscal séria para resolver. Vocês lembram que, lá atrás, eu expliquei que tinha feito a opção de fazer a editora crescer primeiro e só depois iria normalizar as pendências fiscais e tributárias? Aquele era o momento para cuidar disso.

Para poder ficar mais tranquilo e sob orientação do meu advogado Raul Gravatá, hoje mais amigo do que advogado, fiz a denúncia espontânea junto ao INSS e à Receita Federal.

Lembro até hoje das palavras que o funcionário da Receita me disse:

"Poxa...eu trabalho há 21 anos aqui e nunca vi uma situação como esta. Você é maluco? Nunca ninguém veio aqui se entregar... Garoto, você está no seu juízo perfeito?"

Respondi que sim.

Aí, ele mandou a seguinte pérola: "Ou você é um grande maluco, ou você é um gênio, porque esta figura jurídica (denúncia espontânea) existe e os empresários não a usam. Você já imaginou a dimensão da sua atitude?"

Respondi que estava tranquilo e que, ao fazer a denúncia espontânea, gostaria muito que ele enviasse um fiscal na empresa, para nos ajudar a levantar o montante devido.

Ao enviar um fiscal, acabei ganhando uma consultoria a custo zero. Como tinha feito a denúncia espontânea, fiquei muito tranquilo em relação à fiscalização, pois assim eu estava tendo a oportunidade de fazer as coisas de forma certa. O fiscal que esteve na empresa, ao perceber a correção dos meus propósitos, passou a me orientar e apontar o que estava errado e como isso poderia ser feito de forma correta.

Graças a essa orientação, montamos um pequeno manual para fazer as coisas legalmente.

Ajudou muito o fato de, nos 16 meses de discussão jurídica com a minha ex-sócia, termos enviado para a juíza toda a movimentação financeira e fiscal.

Nós já estávamos com essa rotina implementada e agora era só dar continuidade.

Infelizmente, perdemos um pouco de espaço no mercado e deixamos de crescer por falta de recursos e pelo fato de praticamente ter uma espada sobre a cabeça.

O desafio agora era fazer a editora crescer!

Estava muito empolgado, porque a situação fiscal da editora fora resolvida e só dependia de mim para atingir meus objetivos.

capítulo 16

O QUE É DO HOMEM, O BICHO NÃO COME...

No dia 28 de agosto de 1995 aconteceu a decisão contra a gráfica.

Após muitas manobras diversionistas, finalmente o dia do julgamento chegara. A juíza intimara todas as testemunhas da outra parte para que estivessem no plenário, sob pena de prisão.

Felizmente todas compareceram e o julgamento ocorreu.

A juíza, após analisar o laudo datiloscópico da minha carteira de trabalho, acabou por me dar a sentença favorável. Na verdade, a minha carteira de trabalho fora rasurada pelo meu próprio empregador. O percentual do valor estipulado de comissão fora grosseiramente rasurado.

O tiro saiu pela culatra. Foi um dos momentos mais emocionantes da minha vida, ao ouvir da juíza se aceitava um acordo para receber as minhas comissões. Naquele momento senti que o ditado popular *"o que é do homem, o bicho não come"* era verdadeiro.

Briguei na Justiça para obter os meus direitos, pois fazia jus àquelas comissões.

Só que, quando saiu a decisão, já não precisava mais daquele dinheiro, porque a editora deslanchara com o capital inicial de 200 dólares.

Durante o processo fizera uma promessa: caso a minha situação financeira estivesse estabilizada, eu doaria integralmente o valor da ação para um orfanato.

Assim o fiz!

Era um tapa com luva de pelica que eu dava no meu ex-patrão.

capítulo 17

CÉU DE BRIGADEIRO?

As coisas finalmente começavam a tomar o rumo desejado.

A briga judicial me desgastara mental e fisicamente. Senti que envelhecera, naqueles 16 meses, 16 anos.

Aquela situação era extremamente desconfortável. O fato de a toda hora ter que prestar contas para a juíza ajudou muito, no sentido de começar a perceber a importância de controlar as ações e a documentação da editora.

Por outro lado, esse fato ajudou e muito a ordenar a parte burocrática, e assim as rotinas foram absorvidas e se tornaram regulatórias para as ações.

A cobrança para o envio dos documentos para a juíza começou a se mostrar importante, na medida em que passamos a ter um controle maior sobre as ações administrativas, financeiras e comerciais da empresa.

Tínhamos dado um passo muito importante para criar uma disciplina nas nossas atividades.

Essa disciplina passou a ser uma vantagem competitiva para a editora, na medida em que conseguimos visualizar mais rapidamente a situação da empresa.

Assim as estratégias poderiam ser eficazes, porque os processos estavam normatizados e controlados.

O que antes parecia um estorvo acabara por virar uma medida eficaz!

Isso permitiu definir os níveis de autonomia que cada departamento poderia ter, se teríamos gerentes ou coordenadores – e optamos pela nomenclatura de coordenador, por ser mais próxima do espírito de equipe.

Definidas as tarefas, funções e um calendário editorial, daríamos largada para uma nova fase da editora.

Tudo levava a crer que iríamos voar em céu de brigadeiro!

Agora não existiam mais pendências... estava enganado...

capítulo 18

KARMA OU CRISE?

Cinco de novembro de 1995, 21 horas.

Eu estava em Curitiba participando de um congresso de Qualidade quando o telefone tocou. Era minha esposa.

Primeiro perguntou se eu estava calmo e se tinha alguém do meu lado.

A primeira sensação foi de que alguém muito especial na família tivesse falecido.

Ela me tranquilizou e, em seguida, deu a notícia bomba.

Ocorrera um incêndio nos Armazéns Murundu, onde os livros estavam estocados. Para baixar os custos, dividíamos espaço em um armazém geral.

Um balão junino (apesar de estarmos em novembro), por irresponsabilidade dos baloeiros, caíra nesse armazém.

Senti que o chão se abria e me tragava. Num piscar de olhos, toda a felicidade em que estava esfumaçava.

70 ♦ DESISTIR? NUNCA!

De repente, percebi que tudo tinha ido por água abaixo.

Naquela noite, 98.300 livros foram queimados e tivemos um prejuízo da ordem de dois milhões e trezentos mil dólares. Você deve estar perguntando: estava segurado?

Sim, só que num valor de 20%. Nós dividíamos o galpão com mais sete clientes, desde empresa na área vinícola a uma grande instituição que estocava seu material de limpeza.

Sobraram somente cinco caixas de livros, que o fogo não lambeu. Mas a água acabou destruindo os mesmos.

E agora? O que fazer?

>> Incêndio nos Armazéns Murundu, onde tínhamos o nosso estoque de livros

capítulo 19

NOITE DE TERROR!

Depois de desligar o telefone, senti uma vontade enorme de chorar e deixei as lágrimas rolarem. Chorei copiosamente!

De repente, um sonho construído com tanto sacrifício ruía consumido pelo fogo, provocado pela atitude irresponsável dos baloeiros.

Naquela noite não consegui pregar os olhos, pois, quando tudo estava clareando para o meu lado, o destino mais uma vez interferia na minha vida.

Não conseguia entender o porquê dessa desgraça.

Cinco anos de trabalho árduo, onde praticamente dei tudo de mim; abri mão de uma série de coisas, me sacrifiquei ao máximo para tocar e tornar realidade o meu sonho.

Esse sonho virou cinzas em fração de segundos.

Estava perdido!

Sentia-me destruído. Parecia que um caminhão passara por cima de mim.

E aí percebi que o destino mais uma vez girara a roleta.

Só que dessa vez não era a meu favor!...Ou era?

Liguei para o quarto do Marcos Lourenço, meu fiel escudeiro e Coordenador de Vendas, que se encontrava comigo no evento. Chamei-o ao meu quarto e contei o que tinha ocorrido.

As lágrimas rolavam pelo seu rosto e, naquele momento, percebi que a nossa relação de patrão/funcionário transcendera para uma relação de parceria e amizade.

Ele ficou arrasado.

Pedi para que mantivesse sigilo e que tocasse o estande como se nada tivesse acontecido. Pelo menos nós iríamos tentar manter em segredo esta informação.

Avisei que voltaria para o Rio no primeiro voo da manhã.

Recomendei que ele voltasse ao seu quarto e descansasse. Mas sabia que isso seria praticamente impossível.

Estávamos abalados e arrasados. Procurei saber se a notícia do incêndio já era de conhecimento do mercado e, para a nossa sorte, somente o jornal O GLOBO daria uma nota.

Pedi para que minha esposa imediatamente contatasse o nosso autor Nelson Savioli, que na época era Superintendente de Recursos Humanos de O GLOBO. Solicitamos que o nome da editora fosse omitido na matéria, por questões de preservação comercial.

Essa informação mantida em segredo se tornou vital e primordial para a continuidade do negócio.

Naquela madrugada, os últimos cinco anos desfilaram na minha frente. A cabeça zunia de dor e as lágrimas corriam soltas.

Imaginava como estava a cabeça da minha esposa.

A minha filha ainda não sabia e se possível somente tomaria conhecimento na minha presença.

Precisava de um ombro amigo e naquela hora todos estavam tão distantes.

Por volta das quatro horas da manhã, de repente se fez a luz!

capítulo 20

PLANO DE CONTINGÊNCIA

Percebi que se conseguisse manter a informação sobre o incêndio sob controle, teria uma pequena possibilidade, mesmo que remota, de reconstruir tudo.

Descobri naquela noite que já tinha passado por muitas outras agruras e, com muita fé, dedicação e persistência, sempre obtivera resultados positivos.

Embalado por essa convicção e pela fé, liguei o computador e comecei a traçar um plano de contingência para tentar recuperar a editora.

Era muito importante e estratégico que quanto menos pessoas soubessem do incêndio, mais chance teria de dar a volta por cima.

Durante o resto daquela madrugada, as estratégias começaram a ganhar corpo e consistência.

Fiz a oração da alvorada e agradeci a Deus pela nova oportunidade que ELE estava me dando.

O ânimo após aquela oração foi outro. Senti que novamente Deus estaria comigo, como sempre esteve. Senti certa tranquilidade e desci para voltar para o Rio.

Chegando à editora, reuni os meus 13 funcionários.

Expliquei a eles o que tinha acontecido e que estava ali para assegurar que os empregos estariam garantidos pelos próximos seis meses. Com a mesma transparência que sempre tive no meu relacionamento com eles, disse que o processo de recuperação da empresa necessariamente dependia deles e da capacidade de manterem sigilo sobre o incêndio.

Aqueles que não acreditassem na minha capacidade de dar a volta por cima, que me aguardassem na sala ao lado. Para esses eu oferecia a rescisão contratual.

Expliquei que num navio a pique os ratos são os primeiro a pular na água. Eu estava sendo testado pelo destino e que aquela era a hora para saber quem iria continuar naquele barco.

Para a minha surpresa, ninguém saiu da sala.

Expliquei que faríamos um pacto de silêncio e que não comentaríamos nem com as nossas famílias. Elas seriam as primeiras a incentivar a pular fora.

Uma vez acordados nesse pacto, levantei e pedi para que déssemos as mãos e que fizéssemos uma oração agradecendo a Deus pelo fato de nenhum de nós ter sido atingido pelo incêndio.

O fato de estarmos todos ali, reunidos na plenitude da nossa saúde, era um motivo de vitória e que, irmanados num só objetivo comum, daríamos a volta por cima.

Foi um dos momentos mais emocionantes da minha vida!

Lembro, com os olhos embaçados, daquele momento mágico. Um punhado de seres humanos dava as mãos e se unia em busca de um único objetivo: superar a adversidade!

Logo após a oração, começamos a traçar as estratégias para repor a nossa produção editorial.

Tínhamos dois livros prontos e faríamos um esforço para preparar mais três livros num prazo de 10 dias.

Trabalhando uma média de 16 horas ao dia, eles deram conta do recado.

Por outro lado, a equipe de vendas identificava quais os livros que teriam prioridade na reimpressão e que eram vitais para a manutenção do fluxo de caixa. Naquela época ainda trabalhávamos com venda firme, sem direito de devolução. Esta era uma prática universal no mercado livreiro.

Descobri que o nosso caixa estava praticamente zerado por conta do pagamento feito à minha ex-sócia. Por outro lado, o altruísmo na doação de todo o dinheiro ganho na minha causa trabalhista para um orfanato agora fazia falta.

Senti que tudo aquilo não passava de uma grande provação e que Deus testava meus limites. Percebi que vencendo essas agruras, tudo voltaria à normalidade.

Ali começava um novo marco na minha trajetória.

Agora estava mais experiente e, por outro lado, a editora de alguma forma já era reconhecida no mercado.

capítulo 21

PLANO FINANCEIRO

Precisava montar uma estratégia financeira para poder tocar a editora.

Informar aos distribuidores seria dar um tiro no pé. Eles certamente ficariam desobrigados em honrar os compromissos, já que apostariam na incapacidade de a editora se recuperar.

Manter o sigilo era a chave da recuperação!

O único jeito era fazer uma jogada arriscada.

Depois de avaliar os riscos dessa medida, tomei uma decisão que hoje considero louca.

Convoquei os dois principais bancos que trabalhavam com a editora.

Ao longo dos cinco anos, tínhamos construído a nossa credibilidade junto a eles. Raramente pegávamos dinheiro do banco e trabalhávamos com a cobrança simples das nossas duplicatas. Essas duplicatas eram creditadas num sistema D2 (dois dias após o recebimento pelo banco, os valores eram creditados na conta da editora).

Como bom cliente, gerava lucros para o banco. O nosso histórico era forte.

Expliquei a cada um dos gerentes que outros dois bancos tinham nos procurado, oferecendo algumas vantagens se operássemos com eles.

Quando convidei os gerentes dos bancos, tive o cuidado de colocar de forma visível os cartões de visita dos bancos concorrentes.

Numa conversa rápida, perguntei qual era a nossa linha de crédito. Ambos acenaram que o valor pré-aprovado era de R$ 5.000,00 (seria mais ou menos isso hoje). Informei-os de que os bancos concorrentes acenavam com uma linha de crédito de R$ 30.000,00, ou seja, um valor seis vezes superior ao que eles nos ofereciam. Para apertar e acelerar a tomada de decisão, pedi que voltassem aos seus bancos e conversassem com os diretores sobre o aumento do nosso limite de crédito. Disse, também, que esperaria até as 14 horas uma resposta deles.

Caso não tivesse a resposta até aquele horário, eu acertaria com um dos bancos que nos procuraram.

Nesse meio tempo, procurei também os bancos candidatos e se eles dariam um limite de crédito naquele valor. Aquela espera foi terrível!

Se eles não concordassem, estaríamos seriamente comprometidos.

Tudo iria por água abaixo.

Eu tinha blefado ao fazer uma jogada de alto risco.

Não tinha mais nada para perder, mas torci fervorosamente para que a resposta fosse positiva.

Felizmente, antes das 14 horas, fomos informados de que os limites seriam aumentados para os patamares solicitados.

Ufa, foi um alívio!

Graças a Deus os outros bancos também manifestaram a sua anuência em oferecer os limites solicitados.

Bingo!

Ao final daquele dia, tínhamos garantido um crédito de R$ 120.000,00.

Isso nos dava fôlego e ajudaria a programar a segunda fase da nossa estratégia.

Naquele momento percebi que o respeito e a transparência com que sempre agimos com os nossos parceiros bancários começavam a dar retorno.

A minha esposa e sócia em pouco tempo tinha conquistado a confiança do setor bancário, e credito a ela essa conquista dos aumentos dos limites.

Pagamentos em datas acertadas, transparência nas atitudes e cordialidade nas relações ajudaram a criar vínculos fortes com algumas instituições bancárias.

Por outro lado, o pagamento dos nossos compromissos junto à nossa cadeia fornecedora também era uma vantagem que tínhamos.

Essa atitude gerou respeito e parceria. Fortalecendo os nossos parceiros, nós saímos fortalecidos.

DESISTIR? NUNCA!

Agimos diretamente na nossa cadeia produtiva, buscando maior eficiência. Com isso, os nossos custos também foram reduzidos.

capítulo 22

ESTRATÉGIAS PARA RECUPERAÇÃO DO ESTOQUE

Alicerçados pelas garantias dos limites, demos continuidade ao nosso plano de recuperação.

Como a equipe de vendas já identificara os livros que teriam prioridade para serem reimpressos, convocamos as cinco principais gráficas para uma conversa na editora.

Tivemos o cuidado de marcar com todos no mesmo horário.

Quero destacar que a nossa relação com essas gráficas transcendia, em algumas situações, a relação comercial. Algumas em fases de dificuldades nos procuravam para que comprássemos os insumos necessários para a sua operação. Nunca nos furtamos em ajudar os nossos parceiros. Quando necessário, pagávamos antecipadamente as nossas impressões.

Ajudamos com ferramentas básicas a sensibilizá-los para a questão da Qualidade e Produtividade. Ensinamos que cumprir prazos era um diferencial num mercado onde ninguém respeitava isso.

Desenvolvemos os nossos parceiros e eles nos propiciaram oportunidades de melhorias nos processos de produção.

Nossa equipe de vendas precisava de 30 títulos (livros) para poder programar o giro do estoque (reduzido a zero). Fizemos um pacote de seis livros para cada um dos fornecedores, onde cinco eram reimpressões e um era lançamento.

A surpresa de estarem todos reunidos numa sala pequena deixou-os curiosos.

Expliquei que a editora tivera um ano muito bom e que estávamos com 30 livros esgotados. Precisávamos repor aquela produção antes do início do ano letivo, que seria em março.

Portanto, teríamos um tempo hábil para repor estes livros.

Para a nossa sorte o incêndio ocorrera em novembro.

Historicamente as gráficas têm um período de ociosidade, que ocorre no período natalino e isso nos auxiliou na negociação para a reimpressão dos livros.

Tínhamos levantado o preço médio que cada gráfica cobrava por página e determinamos o preço que a editora estava disposta a pagar. Procuramos ser justos nessa determinação. Não iríamos trabalhar no preço deles, mas que eles mesmos fizessem as contas e vissem que o preço que estávamos dispostos a pagar era satisfatório.

Eles também sabiam da existência de gráficas de outros estados e até de outros países dispostas a concorrer.

Informamos para as gráficas que, se topassem reimprimir aquele pacote de livros, poderiam trazer as duplicatas referentes àquelas impressões, que eu endossaria no mesmo dia.

Assim, ao permitir a antecipação dos recebimentos auxiliamos no fluxo de dinheiro necessário para o equilíbrio das finanças dessas gráficas.

Para eles era um negócio que caía do céu, já que a maioria das gráficas paga os seus funcionários semanalmente, o que gera uma pressão muito grande no fluxo de caixa.

Obviamente que todas concordaram!

Informamos que as datas de entrega dos livros teriam que ser rigorosamente cumpridas de acordo com a planilha entregue.

Mas o nosso plano de reimpressão permitia certa flexibilidade na entrega dos livros.

Mais um problema estava resolvido.

Porém, outro problema maior nos aguardava.

Precisávamos de uma grande quantidade de papel, e como a nossa compra junto aos fornecedores estava de acordo com a produção que colocávamos em gráfica, nossa estratégia de recuperação corria um grande risco de fazer água.

capítulo 23

ATENÇÃO A DETALHES PODE FAZER A DIFERENÇA

Essa era uma preocupação grande, já que teríamos de comprar uma significativa partida de papel, o que fugia completamente do nosso histórico perante os fornecedores.

Foi aí que me lembrei do velho amigo Wanderlei de Mateo, que eu conhecia desde a época do meu emprego na gráfica.

Como sempre, tinha o hábito de atender bem aos fornecedores e de brincar com eles, para desanuviar o relacionamento.

Quando eu comecei a Qualitymark, tive que comprar papel para o primeiro livro e naquela época procurei o Wanderlei.

Ele me levou até o seu chefe, Sr. Leite (que Deus o tenha na sua misericórdia).

Este explicou que não poderia conceder crédito, já que a editora ainda não tinha uma ficha cadastral e nem um histórico de compras.

A empresa era rígida com as regras de crédito.

Perguntei, então, qual era o procedimento. Ele calmamente me explicou que a primeira compra teria que ser paga à vista e que, a partir daí, as seguintes já poderiam ser faturadas por 28 dias.

Não tive dúvidas. Enquanto ele atendia uma ligação fiz um cheque para a compra de uma resma e outro cheque para as restantes resmas, que eu precisava para o primeiro livro.

Quando ele desligou o telefone, expliquei que estava ali tentando iniciar o meu negócio e que eu iria cumprir as regras da empresa dele. Entreguei o cheque à vista da primeira resma e o cheque, para as restantes resmas, para 28 dias.

Assim eu estava cumprindo as regras da empresa dele. A primeira compra à vista e, a partir daí, poderia faturar.

Ele ficou mudo e lívido, pois não contava com a minha astúcia e teve que aceitar aquela negociação. Em momento algum ele informara quais os valores mínimos de compra.

Quando tentou argumentar, fui firme dizendo que ele só me dissera que a primeira compra teria que ser à vista. Isso eu estava cumprindo e esperava que ele fizesse a parte dele.

É claro que, faltando alguns dias para o vencimento do segundo cheque, fui pessoalmente informá-lo de que já poderia descontá-lo.

Ali ganhei seu respeito e informei-o de que jamais decepcionaria a confiança depositada em mim.

Ele ganhava um cliente que estava disposto a fazer a diferença!

Com o tempo, essa relação de confiança se tornou forte. O Wanderlei à epoca trabalhava na SPP-Nemo.

Chegara a hora de testar a quantas andava a nossa credibilidade!

Liguei para o Wanderlei e perguntei se ele já tinha cumprido a meta do mês. A resposta foi positiva. Aí perguntei se a meta do próximo ano já estava estabelecida. Resposta positiva.

Então perguntei qual era o nosso limite de crédito.

Custei a acreditar na resposta que ouvi.

O nosso crédito era ilimitado!

Pedi para que ele repetisse no mínimo umas três vezes.

Aí foi a minha vez de surpreendê-lo. Informei que precisava comprar uma grande partida de papel e que certamente ajudaria muito nos objetivos da cota do ano seguinte.

Expliquei que a editora estava com cerca de 30 livros esgotados e que nós precisávamos repor isso no mercado.

Naquela época, as papeleiras só nos ofereciam um prazo de 30 dias. Outro fator, pelo fato de o papel ser considerado uma *commodity*, o preço oscilava com o câmbio do dólar.

Informado sobre a quantidade de papel pretendida, ele ficou atônito, achando que eu estava brincando.

Mais uma vez o surpreendi!

Garanti que o pedido era firme e que o mesmo teria que ser faturado em 30, 45, 60, 75, 90 e 120 dias. Ali, eu tentava quebrar mais um paradigma.

Sabia que não seria atendido na minha pretensão, mas para quem já tinha perdido tudo, não custava nada tentar. Eu tinha a vantagem da surpresa.

As regras sempre têm exceções.

Wanderlei me chamou de maluco e disse que nem tentaria levar adiante a proposta. Achava que eu estava brincando.

Falei num tom mais firme e expliquei que a proposta era séria e que precisava de uma definição. Estávamos com os livros em gráfica, esperando apenas o papel.

Como sei que ele conhecia as gráficas que nos prestavam serviço, deixei essa informação no ar, para que ele a checasse.

Informei que uma papeleira concorrente estava considerando a nossa proposta com muito carinho. Eles tinham interesse em ter a editora como cliente.

Para aumentar ainda mais a pressão, avisei-o de que teria 20 minutos para me retornar com uma resposta da sua gerência. Pediu-me meia hora.

Percebi que agora estava considerando a minha proposta.

Caso ele não me retornasse naquele tempo, eu fecharia com o seu ex-chefe.

Como conhecia a minha correção com a Samab, acreditou que estava falando sério.

Ninguém gosta de perder uma venda desse porte!

Aquela foi outra espera angustiante e, ao mesmo tempo, esperançosa.

Em menos de meia hora recebemos a informação de que a nossa proposta estava aceita e que o papel seria fornecido dentro das condições por mim desejadas.

Não acreditei. Tínhamos conseguido o inimaginável!

Mais uma batalha estava vencida. Muitas outras ainda viriam!

Graças a Deus, as coisas começavam a tomar o rumo desejado.

capítulo 24

ROTAÇÃO DE LIVROS E NOVAS OPORTUNIDADES

Em meados de janeiro já tínhamos mapeado os livros que se encontravam espalhados pelo Brasil. Através de telefonemas diretos para os nossos distribuidores, informamos que tínhamos uma proposta inovadora, o que estreitaria ainda mais o nosso relacionamento comercial.

No início da editora, em 1990, a inflação média mensal era de cerca de 50%. A prática corriqueira das editoras era de impor uma cota mínima de novidades por distribuidor. Se o livro não vendesse, os distribuidores arcavam com o encalhe, já que naquela época não havia o direito de devolução. Essa prática onerava tremendamente o fluxo de caixa deles.

Para as editoras era um sistema muito interessante, porque além de garantir uma venda certa, ainda tinha quem arcasse com o ônus da escolha errada dos títulos. O distribuidor que se virasse.

Inovamos ao informar aos nossos distribuidores que eles não precisavam ter estoques elevados de livros. Garantíamos entregas em até 24 horas nas capitais do Sul e do Sudeste e em até 72 horas no Norte e Nordeste. Isso permitia ao distribuidor fazer os seus pedidos de acordo com a venda. A decisão de compra era exclusiva deles, o que gerava certo conforto.

Imagine como essa notícia foi recebida. Só que ainda tínhamos mais uma surpresa para eles.

Pedimos que devolvessem os livros da nossa editora que estivessem sem girar há no mínimo 45 dias.

Esses livros foram trocados por títulos novos.

A alegria dos distribuidores e dos livreiros foi enorme. Pela primeira vez, alguém oferecia uma parceria de fato.

O direito de devolução foi uma bênção para as partes.

E assim começamos a trocar livros sem vendas por novos títulos. Com isso, a nossa exposição nessas praças melhorou e as vendas ganharam outro impulso.

Os livros não vendidos nessas praças permitiram montar um estoque emergencial, que supria os pedidos de livrarias que quisessem aqueles livros. O fato é que, pela dimensão continental do Brasil, alguns livros vendem mais em algumas praças e menos em outras.

O outro ganho desta decisão foi que ela nos auxiliou a reimprimir somente livros que tivessem demanda.

Aos poucos fomos praticando essa política em todo o Brasil e, por algum tempo, apesar das distâncias, conseguimos atender pedidos de alguns títulos apenas com essas movimentações.

O controle de estoque exigia uma atenção redobrada, porque, por um lado, tínhamos que suprir a demanda dos esgotados, por outro, tínhamos que continuar lançando novos livros.

Títulos novos ganhavam melhor exposição e, com a rotatividade em pontos de venda, aumentaram as nossas vendas.

Desde o início da editora buscamos lançar livros com formatos pouco usuais, ganhando com isso melhor exposição nas vitrines de vendas.

Aos poucos, o tão desejado oxigênio começou a dar um novo fôlego às finanças da empresa.

Passo a passo a nossa confiança foi aumentando e a recuperação da nossa empresa era apenas uma questão de tempo.

A crise rapidamente seria controlada nesse ritmo.

capítulo 25

OPORTUNIDADE DE ARRISCAR

O ano de 1996 foi muito especial e inesquecível!

No incêndio, tínhamos perdido 116 títulos, num total de 98.300 livros queimados, gerando um prejuízo da ordem de 2,3 milhões de dólares.

Depois de viabilizar as reimpressões, começamos a prestar atenção às novas oportunidades.

Nesse ano, reimprimimos 83 títulos e lançamos 44 livros. A nossa política de trocas, aliada à agressividade de vendas, permitia ousar mais uma vez.

O incêndio catastrófico agora se apresentava como uma oportunidade única de mudanças!

Havia a necessidade de ampliar o nosso leque de publicações.

A cada nova participação descobríamos que tínhamos muitas oportunidades ainda por explorar.

Isso nos animava a perseguir os objetivos!

O mercado da área da qualidade e produtividade, onde num primeiro momento éramos absolutos, começava a ter respostas de outras editoras.

Estas já traziam as novidades simultaneamente com os Estados Unidos, maior país provedor de títulos nessa área.

Com isso o leitor brasileiro saía ganhando!

Para nós era uma luta desigual, porque o Davi enfrentava os Golias, que tinham maior capacidade e fôlego financeiro para adquirir títulos novos.

Isso nos obrigava, de certo modo, a mudar a nossa estratégia de lançamentos. Durante quatro anos consecutivos viajei para os Estados Unidos, apenas com a finalidade de identificar os livros que seriam utilizados pelos profissionais brasileiros.

Ao editar obras estrangeiras, percebemos que poderíamos incentivar no mercado nacional autores a gerarem publicações.

A outra decisão foi não mais participar de leilões de livros estrangeiros, que, além de demandarem vultosas quantias, não ofereciam garantias de retorno.

Por outro lado, ao fugir desses *best-sellers*, conseguimos adquirir bons títulos a preços mais reduzidos. Assim a rentabilidade aumentou.

Havia a necessidade de mobilizar e estimular a inteligência nacional a escrever.

Identificamos muitos bons autores nacionais, que conseguiam traduzir com exatidão as necessidades do mercado. Além disso, havia uma rápida identificação entre o autor e seu público.

O critério na escolha dos autores e temas é que teria que ser rigoroso. Um processo de garimpagem com extremo cuidado. Tentávamos identificar pepitas que, depois de lapidadas, pudessem brilhar no mercado.

O fato de estar envolvido com programas de qualidade ajudou muito na identificação de temas e autores.

Depois, era só ajudá-los a colocarem aqueles conhecimentos no papel.

Muitas vezes os autores eram recomendados.

A decisão de publicar autores nacionais tinha duas vantagens. A primeira é que eles escreveriam para um público nativo, mais próximos da nossa realidade. A outra é que não teríamos de desembolsar recursos para a compra de direitos autorais, tradução e revisão dessas obras. Desta forma, reduziríamos a pressão sobre o nosso fluxo de caixa.

Também ajudou muito a pagar os direitos autorais em livros para os autores. Assim, na impressão do livro, já entregávamos o montante correspondente aos direitos autorais. Era outro recurso que tínhamos para não onerar o fluxo de caixa. Como a grande maioria dos autores é constituída de consultores, para eles essa modalidade caía a contento.

Em 1996 começamos a pôr em prática a necessidade de identificar livros que formassem esse fundo de catálogo.

Decidimos fugir dos leilões de *best-sellers* ou livros de alta vendagem instantânea, que além do alto risco de encalhe limitavam a venda de longa duração no catálogo.

Fazer fundo de catálogo representava a garantia do investimento, a médio e longo prazos. Passamos a privilegiar livros que tivessem vendas longas no catálogo. Como bem definiu Chris Anderson, editor da revista Wired, no seu livro *Cauda Longa*, quanto maior a cauda, maiores os dividendos.

A nossa editora tem uma das maiores caudas longas no mercado de livros. São mais de 700 livros com vendas ativas, de um catálogo que beira a mil títulos.

Sempre soube que era melhor ter um fundo de catálogo, onde os livros vendessem linearmente certas quantidades todos os anos.

Com o tempo, essas vendas no somatório representariam um considerável volume. Elas representam uma significativa parcela no faturamento da editora.

Por isso, quem consultar o catálogo da nossa editora vai perceber a linearidade dos nossos lançamentos, que representam uma alavanca para o faturamento futuro.

Temos verdadeiros *best-sellers*, com números espantosos de vendas, escritos por autores nacionais. Quando eu apresento estes números nas feiras internacionais, os meus pares simplesmente ficam incrédulos.

Temos livros com várias reimpressões e livros publicados na década de 90, que ainda vendem consistentemente.

Apesar de inúmeras tentativas de tirar alguns desses livros do catálogo, esbarramos todos os anos com demandas fixas.

A cada ano a cauda do nosso catálogo aumenta.

Isso é o desejo e o que torna alegre a maior parte dos editores.

As viagens para participar dos eventos de qualidade e treinamento nos EUA, além de permitirem identificar as tendências e rumos do mercado, passaram a ajudar na negociação direta com os autores, eliminando assim as comissões e outras despesas. Isso representa ganhos para a editora.

Passamos a fazer contratos de risco, pagando os direitos autorais de acordo com as vendas. Isso representava menor desembolso na produção e, por consequência, preços mais baixos dos livros. Para amortizar esses riscos, passamos a convidar os autores para proferirem palestras no Brasil.

O trabalho era achar patrocinador para custear essas palestras. Os contatos angariados ao longo dos primeiros anos facilitavam muito essas negociações.

Estes eventos contribuíram fortemente para reforçar o fluxo de caixa e dar visibilidade ao trabalho da editora, com maior exposição na mídia.

Nesses eventos passamos a expor todo o catálogo da editora. O nosso leitor passou a ter ao alcance das mãos os livros. Num primeiro momento, começamos a expor os livros em mesas, o que facilitava muito o contato direto com o leitor. A participação nos eventos ligados à nossa área de atuação é corriqueira. Participamos ao longo do ano de mais de 100 eventos de alta projeção. Além da divulgação nesses eventos, sempre surgem negociações para a venda de livros em grandes quantidades.

Eu pessoalmente procuro estar presente na maioria desses eventos. Ali, tenho o termômetro do que publiquei, se está vendendo bem ou não; consigo contatos diretos com clientes e futuros autores. Além disso, o fato de estar à frente do estande garante a qualidade do que publicamos.

Outra decisão estratégica foi a de montar estandes da Qualitymark nos eventos da ASQ-American Society of Quality e

>> **Estande da Qualitymark Editora em Chicago (1997)**

102 ♦ DESISTIR? NUNCA!

da ASTD-American Association for Training and Development nos EUA.

Nessas ocasiões não fazíamos qualquer exposição de livros. Em alguns desses eventos, o nosso estande expunha as belezas do Brasil. Usamos muito os cartazes da Embratur para decorar os nossos estandes internacionais.

Na realidade, montamos estandes para estarmos mais próximos dos profissionais brasileiros que lá iam em busca de aprimoramento, de novas tecnologias e ferramentas. O nosso estande servia de base de apoio, de ponto de encontro e congraçamento.

Com essas participações, estreitamos e aumentamos relacionamentos com os participantes brasileiros (diretores e gerentes das maiores corporações); na realidade, verdadeiros formadores de opinião e decisores na implementação de novos programas e projetos.

Num ambiente informal e descontraído, tomávamos conhecimento dos programas que esses profissionais estavam tocando. Assim tinha a possibilidade de indicar o livro certo que encaixasse no programa dessa empresa.

Ali tivemos oportunidades de apresentar de maneira informal a nossa editora. Por outro lado, nos permitiu estreitar relacionamentos com profissionais do mundo inteiro. Até hoje, esses relacionamentos são mantidos e cultivados.

Essa atitude deu maior visibilidade e amplificou a atuação da editora.

>> Diversas Delegações de profissionais brasileiros nos Congressos da Qualidade e Treinamento e Desenvolvimento nos EUA.

capítulo 26

O MERCADO EDITORIAL

Sempre me perguntam como funciona a questão dos direitos autorais dos livros. Creio que, apesar de uma rápida referência no capítulo anterior, podemos voltar ao assunto com mais profundidade.

Um dos fatores que geram estrangulamento no fluxo de caixa da editora são os pagamentos dos direitos autorais.

Para melhor entendimento dessas operações, as editoras que adquirem direitos autorais de livros estrangeiros são obrigadas a fazer um pagamento antecipado. Esse pagamento garante o direito de publicar o referido livro.

Em média, gira em torno de 10% sobre o valor de capa. Essa porcentagem é abatida posteriormente, no relatório de acertos de vendas.

Os exemplares vendidos são contabilizados sobre um percentual previamente concordado. Depois de apurado o total desse pagamento, se abate o adiantamento pago.

Se o saldo for positivo para o vendedor, a editora complementa a diferença do *advance payment* (adiantamento feito). Caso contrário, se as vendas não atingirem o patamar estabelecido, não se faz qualquer pagamento. Então, no relatório seguinte, se faz uma nova conciliação de contas. Como essas prestações de contas são feitas uma vez ao ano, as editoras compradoras ganham algum fôlego no seu fluxo de caixa.

Isso já não acontece com os autores nacionais. São raros os que recebem um adiantamento por conta das vendas. Por outro lado, eles têm uma prestação de contas dos exemplares vendidos (hoje em dia são quadrimestral ou semestral, dependendo do contrato previamente assinado).

Procuramos uma relação que nos permitisse aliviar a pressão sobre o fluxo de caixa e fugir da oscilação cambial.

Precisávamos inovar em busca de uma solução que melhorasse os resultados da editora.

Passamos a comprar somente títulos estritamente inéditos. Ao identificar autores que dominassem bem o assunto, oferecemos a publicação da sua obra. Passamos a remunerar esses autores em livros.

O risco da venda passava a ser todo nosso.

Como muitos autores selecionados são consultores, para eles passou a ser um bom negócio, já que podiam usar esses livros nas suas consultorias.

Substituíam apostilas por livros com alta qualidade gráfica e editorial.

Daí surgiu uma relação ganha-ganha!

Esse modelo de negociação, além de transformar os autores em parceiros de negócios, provou ao longo dos últimos anos o nosso acerto na nossa ousadia e na coragem de buscar essa inovação.

Hoje, de cada cinco livros que a editora publica, apenas um tem os seus direitos autorais pagos em espécie.

Por outro lado, bancamos todos os riscos de produção.

Felizmente, ao longo desses 20 anos, a nossa taxa de fracassos é muito pequena, o que demonstra acerto no nosso critério de seleção e escolha dos títulos.

A leitura criteriosa de todos os originais que recebemos, o atendimento à voz do cliente, a identificação de temas, o acatamento de sugestões nos eventos em que participamos e a pesquisa intensiva na Internet, em sites e blogs sobre os mais diversos assuntos auxiliam muito na tomada de decisão do que publicar.

As barreiras de entrada num mercado competitivo e dominado por algumas editoras de grande porte foram e são enormes.

Além de não termos como acompanhar a prática comercial e promocional dessas editoras, percebíamos uma má-vontade por parte de alguns compradores de redes de livrarias. Habituados a serem paparicados por essas editoras, alguns chegavam a opinar até na escolha das capas.

Por outro lado, essas editoras promovem seus livros, oferecendo ou doando aos professores. Estes são os formadores de opinião, que indicam essas obras para as suas aulas.

O mercado viciado por essas práticas exigia uma nova postura.

O desafio era: como quebrar esse paradigma.

Decidimos que os nossos livros não seriam doados e sim vendidos.

Queríamos que eles fossem adotados pela qualidade, importância e relevância dos conteúdos.

Passamos a oferecer descontos maiores para professores, desde que eles tivessem interesse em adquirir os livros.

Durante os primeiros anos da editora, tivemos sucesso nessa ousadia.

Surpreendentemente, começamos a ter livros adotados e indicados bibliograficamente. Apesar de meia dúzia de professores (aqueles que pedem e recebem a negativa de doação) ameaçarem difamar a editora, fomos firmes na nossa decisão.

A grande maioria acatou nossa postura.

A força do tema e o ineditismo do conteúdo oferecido, aliados a uma primorosa editoração gráfica, começaram a fazer diferença.

Os nossos livros são facilmente identificados. As capas são cuidadosamente produzidas, títulos de fácil memorização e com informações detalhadas nas orelhas ajudam o leitor a tomar decisão de forma objetiva e rápida.

Temos como uma espécie de marca o uso da ilustração da capa nas folhas de rosto e falso rosto. Entendemos que, ao repetir, usamos a fórmula do outdoor, que é lido pela repetição. Além do mais, encarece a cópia pirata em alguns centavos. Todos os nossos livros trazem na segunda orelha a bandeira do Brasil, atestando que podemos ter orgulho de produzir aqui.

Com o decorrer dos anos, pressionados pelos nossos distribuidores e livreiros, tivemos que aderir às doações.

Hoje, doamos livros tendo em conta critérios rigorosamente traçados.

Para a nossa alegria, livros publicados há 12 anos continuam adotados.

Outros são citados nas referências bibliográficas de milhares de monografias produzidas no país.

A diversidade dos temas e uma oferta substancial do mesmo tema ajudam na formação dos nossos leitores.

O leitor, soberano, tem a opção de escolha de acordo com seu interesse e motivação.

Mais uma vez a nossa ousadia trouxe resultados!

capítulo 27

AINDA O MERCADO LIVREIRO

Como eu dizia, o ano de 1996 foi simplesmente espetacular. Nesse ano, criamos um novo selo chamado Dunya, que, em todos os dialetos e idiomas indianos e em árabe, significa Mundo.

Este selo foi criado para publicar livros voltados para a formação e aprimoramento dos professores. O mercado editorial oferecia poucas publicações nesse sentido e existia demanda.

Lançamos rapidamente, por esse selo, alguns *best-sellers*, todos escritos por autores nacionais.

Só com uma autora, a Professora Cosete Ramos – e sua trilogia da qualidade na educação – vendemos mais de 100 mil exemplares. Mais: essa professora, no período do movimento da qualidade, palestrou para mais de 400 mil professores do Brasil. Fomos até o Uruguai expor com ela.

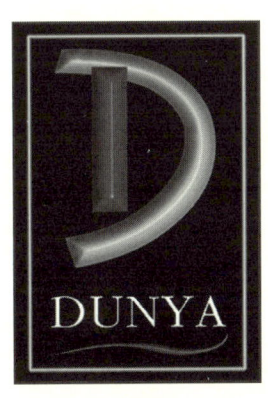

>> Selo DUNYA

Só não vendemos mais porque o poder aquisitivo dos nossos professores de escola primária e secundária é muito baixo.

Numa velocidade surpreendente, conquistamos um novo mercado.

A Qualitymark estava engessada até 1995 pela decisão de publicar livros voltados apenas para a área da Qualidade e Produtividade.

Hoje, reconheço que o fato de estarmos tão focados teve os seus benefícios e alguns problemas, que aos poucos estamos corrigindo, com tranquilidade e imaginação.

O principal benefício foi o de colocar a editora como referência nessa área.

Percebemos que colocar todos os ovos na mesma cesta não era uma boa ideia. Havia a necessidade de ousar e arriscar em outras áreas.

Por outro lado, contemplando novos nichos, ampliaria as vendas. Reduzir os riscos era uma necessidade fundamental.

Um dos problemas é que os livreiros passaram a reconhecer a editora apenas na área da Qualidade e Produtividade. Isso gerou, de certa forma, uma dependência e prejuízo na venda de outros títulos que não versassem sobre este tema.

Como os livros técnicos sempre foram expostos no fundo das livrarias, era lá que os nossos eram colocados.

Para corrigir essa distorção, e pelo fato de dispormos de pouco capital para investir em marketing, decidimos aumentar a nossa participação em eventos e congressos.

Essa participação, além de permitir a venda direta para o nosso cliente, ajudou a expor todo o catálogo. As livrarias, por falta de espaço físico, não têm condições de ter todos os títulos em estoque.

Uma das estratégias que utilizamos foi a de trocar a posição dos livros, durante o evento, no final do dia. Quando o cliente retornava no dia seguinte procurando o título, acabava encontrando outro naquele local. Assim, fazíamos com que ele conhecesse outros títulos também.

Essa manobra exigia um esforço redobrado, porque fazíamos essa operação no final do dia. No dia seguinte, a exposição ganhava um novo layout.

Percebemos que esses clientes sempre procuravam o livro pela ilustração e pela cor da capa.

Com o tempo, desenvolvemos um catálogo contendo apenas as capas dos livros, o que facilita muito nossos clientes na hora de solicitarem as obras que tinham visto em exposição.

Procuramos expor os livros concentrados por áreas de interesse. Isso possibilita ao nosso leitor uma variedade de opções. Muitas vezes um tema pode ter mais de cinco ou seis ofertas. Como todo e qualquer livro é uma obra única e singular, essa oferta tem um atrativo maior. Muitas vezes, os leitores acabam comprando três ou quatro livros, de autores diferentes, no sentido de aumentar a visão sobre o tema.

Outro atrativo é o fator preço.

Trabalhamos os nossos clientes de forma a mostrar a diferença de preços e assim estabelecer o conceito de que *a Qualitymark pratica os preços mais baixos.*

Os livros da nossa editora são produzidos com muito cuidado. Têm uma boa diagramação, papel de qualidade superior (que permitem uma leitura prolongada), acabamento requintado e temas bem selecionados. As capas são atraentes e muito bem concebidas, procurando passar de imediato a ideia do livro.

O custo-benefício dos nossos produtos justifica muitas vezes a compra de mais de um livro.

Para ampliar os canais de venda, inovamos ao adaptar uma caminhonete Towner como livraria itinerante, que foi batizada como *Qualitymobile*.

Dessa forma, em vez de esperar o cliente, passamos a ir aonde ele estava. Expor em fábricas ou universidades ajudou muito na promoção da marca.

Essa inovação foi destaque nos EUA na newsletter de um parceiro. Estávamos fazendo escola sem saber.

>> Fac-símile da matéria da Crisp sobre o Qualitymobile

capítulo 28

VENDAS DIRETAS

Com a venda direta para o cliente final – e um forte trabalho junto a empresas – o nosso fluxo de caixa melhorou. Não tínhamos necessidade de esperar 45 dias para receber o pagamento das livrarias. Na época esse era o prazo médio para recebimentos. Hoje, além de termos que consignar na sua quase totalidade os livros para os livreiros, ainda temos que esperar mais 60 dias para o acerto dessa consignação. Os pagamentos ocorrem depois desses acertos, o que representa um tempo muito longo.

Se levarmos em conta que financiamos a produção do livro e a venda dos mesmos, o ciclo simplesmente ganhou um prazo maior.

Hoje, financiamos as livrarias para vender os livros que publicamos. Elas, praticamente, correm muito pouco risco.

O problema é que a maioria é mau gerida, com mix de produtos inadequados, funcionários despreparados e desmotivados. Talvez isso explique a carência de livrarias no país.

Poucos sabem, mas o livro é um ótimo negócio. É uma atividade que, dependendo do poder de barganha, oferece margens de até 50% sobre o preço de capa.

Infelizmente o mercado brasileiro tem poucas livrarias para o seu gigantismo. É dominado por meia dúzia de empresas que, por sua vez, têm suas próprias editoras e selos. Obviamente que a prioridade é delas.

O livro é uma loteria.

Livros que acreditamos que terão boa vendagem acabam decepcionando e, muitas vezes, outros títulos sobre os quais existia pouca expectativa viram campeões de venda.

Abrir o leque de temas foi então a opção mais acertada. Desde o início, colocamos como objetivo conquistar uma vantagem competitiva nas áreas em que iríamos atuar.

Dessa forma os nossos competidores teriam poucas opções de contra-atacar.

Como em todas as estratégias, existe o risco.

O nosso é que nos obrigou a abrir mão dos *best-sellers* estrangeiros.

Infelizmente a mídia nacional ainda valoriza muito a inteligência estrangeira. O fato é que as nossas principais revistas pouco resenham obras de autores nacionais. A primazia fica com obras com alguma repercussão em revistas internacionais de negócios.

É uma luta tentar sensibilizar os editores destas revistas. Mas, aos poucos, começa a se abrir mais espaço. Com isso ganham o autor, a editora e o leitor!

capítulo 29

GARIMPAR AUTORES

Prospectar bons autores é uma missão árdua.

Participamos de muitos seminários e congressos, observando e analisando os palestrantes. Aqueles que despertam interesse, pela consistência das suas falas, pela segurança e condução na abordagem da palestra, são imediatamente convidados a virarem autores.

Para facilitar e acelerar a produção dessas obras, desenvolvemos um Guia do Autor onde, através de linhas mestras, mostramos as etapas para a produção dos livros.

Os autores, ao seguirem esse guia, facilitam muito o nosso trabalho de produção, já que nos entregam os esboços dos seus originais praticamente prontos.

Cabe à editora apenas determinar quais os melhores formato e diagramação. Depois, é só proceder às etapas de revisão, para que tenhamos o livro pronto para impressão.

Com o processo mapeado e a identificação dos gargalos, ganhamos agilidade na produção dos livros.

Só a título comparativo, um livro leva em média oito meses para ser editorado e impresso. A Qualitymark tem condições de publicar qualquer livro, traduzido dos principais idiomas, em 30 dias.

Uma vantagem é que nos permite otimizar melhor os nossos recursos e garantir a satisfação do autor e do cliente.

Pelo fato de termos segurança em nossos processos, podemos participar de licitações onde o fator prazo acaba desequilibrando a nosso favor. Fizemos muitos projetos que tinham sido recusados por outras editoras. Para nós, era a oportunidade de aumentar os ganhos.

Investimos em projetos especiais, baseados na minha experiência de empregos anteriores. O fato de conhecer bem o processo gráfico auxiliou muito na oferta de soluções inovadoras para os nossos clientes.

Hoje, a editora tem condições de oferecer livros personalizados um a um. E o cliente ainda escolhe a cor da capa, a tipologia e a cor da letra.

Começamos investindo na área financeira e temos hoje uma quantidade de livros que são referências nessa temática e que vendem muito bem. Um dos maiores *best-sellers*, no catálogo desde 1992, é MERCADO FINANCEIRO – PRODUTOS E SERVIÇOS, de Eduardo Fortuna.

A primeira edição deste livro tinha 320 páginas. Hoje, a 17ª edição está com 864 páginas e é impressa em duas cores. Um campeão absoluto de vendas, sendo considerado a Bíblia do tema mercado financeiro.

Este livro foi o carro-chefe de uma nova linha editorial. Os nossos livros hoje, além de serem adotados na maior parte das faculdades de finanças e economia, são considerados referências.

Aos poucos fomos percebendo que focar a área era muito mais interessante do que virar uma metralhadora giratória, atirando para tudo que é lugar.

O foco nos temas criou consistência e, com isso, começamos a conquistar nichos de mercado.

O sucesso de algumas áreas faz com que os novos autores sempre nos procurem, oferecendo os seus originais para avaliação.

Os autores que nós antes buscávamos desesperadamente começaram a nos procurar.

Procuramos sempre definir nossa decisão em prazos de tempo muito curtos. Essa postura tem ajudado muito a editora no sentido de melhorar a imagem.

Explico melhor: Os autores muitas vezes levam anos para escrever a sua obra e têm a natural ansiedade de saber se a mesma será publicada.

A maior parte das editoras nacionais demora muito tempo para tomar as suas decisões e, com isso, acabam frustrando esses autores. Ao informar a nossa decisão, além de diminuirmos a ansiedade, possibilitamos a esses autores buscarem outras editoras, quando esses originais são recusados por nós.

Dizer **não** é a decisão mais difícil em qualquer situação.

E eu tive que aprender a dizer não. O engraçado é que muitos autores, que tiveram o seu original rejeitado, sempre nos olharam com muito respeito. Já ocorreu de vetarmos os originais de um autor e o mesmo apresentar outros que tiveram nossa aprovação. Devemos isso à postura profissional com que sempre lidamos com eles.

Fomos abrindo o leque da editora em áreas como Turismo e Hotelaria, Meio Ambiente, Neurolinguística, Gestão Empresarial, Treinamento e Desenvolvimento, Manutenção, Autoajuda,

Comunicação, Economia e Finanças, Educação, Gerenciamento de Projetos, Gestão Hospitalar, Gestão Pública, Jogos e Dinâmicas, Negociação e Vendas, Pequenas Empresas, Propaganda e Marketing, Qualidade e Produtividade, Recursos Humanos, Responsabilidade Social e Serviços.

A aposta em livros de Recursos Humanos foi um acerto que tem gerado dividendos interessantes. Hoje, temos o maior catálogo do Brasil nesse tema e estamos sempre atentos às novidades.

Para consolidar a nossa posição de liderança, decidimos participar de todos os eventos de RH que ocorrem no Brasil.

Damos especial ênfase ao Congresso Nacional de Recursos Humanos, que acontece quase todos os anos em São Paulo. Este evento reúne os profissionais e tem uma circulação média de 15.000 pessoas.

Durante anos alternados procuramos ser patrocinadores e assim fixamos a nossa marca.

Por conta desse evento, decidimos em 1996 não participar das Bienais dos Livros, que acontecem em São Paulo e no Rio de Janeiro. Somente retornamos às Bienais há 3 anos, mas com estandes pequenos, apenas com o intuito de marcar presença.

Fomos severamente criticados pelos distribuidores e livreiros por essa decisão de não participar das Bienais.

Na verdade, não estávamos desprezando o mercado livreiro, apenas tínhamos constatado que esses eventos eram pouco significativos para a editora.

O custo de participação é elevado e, além de jamais ter dado retorno, ficávamos restritos à promoção e divulgação da marca apenas a esses mercados. O nosso leitor já se habituou a nos ver nos principais eventos da área profissional.

Ao focar diretamente os eventos temáticos, além de ampliar as nossas vendas, conseguimos posicionar a marca de forma objetiva. Nas Bienais disputamos espaços com centenas de editoras. Nos eventos, na maioria das vezes, somos a única editora participante.

>> **Estande na Bienal de 1995 – Rio de Janeiro**

>> **Estande no Congresso Nacional de Recursos Humanos**

Somente numa participação na Bienal, em 1995, conseguimos ganhar grande destaque por conta de uma ideia de marketing inusitada.

Conseguimos uma parceria com uma distribuidora de carros elétricos (aqueles de golfe), para usá-los na Bienal do Rio. A ideia era transportar as pessoas grávidas ou com dificuldades de locomoção.

Adesivamos esses carros com a nossa marca e colocamos à disposição dos participantes. A direção do evento proibiu a locomoção interna na feira.

Porém, a chegada inesperada de Jorge Amado e Zélia Gattai fez com que os nossos carros fossem requisitados para levá-los até o estande da editora deles. Para a nossa sorte, a TV Globo filmou-os nesses carros e assim conseguimos uma mídia gratuita em horário nobre no Brasil todo.

Os telefones no dia seguinte não pararam de tocar. Eram os amigos para cumprimentar pelo destaque.

Focar a participação em congressos e seminários demonstrou, mais uma vez, ser uma decisão certa.

O cuidado na preparação e a variedade dos livros a serem apresentados nesses eventos contemplam as expectativas dos nossos clientes.

Além dessa variedade, o fator preço auxilia muito a formação de uma biblioteca básica para o profissional.

Nos últimos dois anos, lançamos anualmente uma média de 26 livros nestes congressos de Recursos Humanos.

Essa oferta maciça acaba sempre contemplando os nossos clientes com a variedade.

Só que essa carga de lançamentos representa a produção de 6 meses de editoras médias.

>> Carro elétrico compondo a decoração do estande na Bienal do Livro (1995)

Essa média de lançamentos representa um esforço financeiro brutal para a Qualitymark. Os gastos de produção, somados aos custos de participação (compra de espaço e montagem de estandes), fizeram com que adequássemos o nosso fluxo de caixa.

\>\> **Estande no Conarh**

As vendas nesses eventos, apesar de serem muito elevadas, não cobrem o investimento de participação. Mas as pós-vendas o justificam plenamente.

Aproveitamos para lançar alguns desses livros com a participação dos autores. Obviamente eles sempre trazem para o estande os amigos, clientes e conhecidos. Esse burburinho é muito interessante para a editora e os autores.

Nesses congressos, nossa jornada de trabalho tem sido em torno de 12 a 14 horas. Sempre após o término das atividades do dia, ficamos no estande separando os livros dos nossos inúmeros clientes. Enquanto um grupo faz essa tarefa, outro se encarrega de arrumar e repor os livros nas prateleiras.

São jornadas exaustivas, mas prazerosas, por conta da motivação sempre muito elevada.

\> **Congressistas comprando**

Um exemplo: a formação da equipe para trabalhar nestes eventos representa uma dor de cabeça, porque todos os funcionários se oferecem para participar.

Saímos desses congressos cansados, mas com a missão cumprida.

QUALITYMARK EDITORA
QUALITYMARK EDITORA

QUALITYMARK EDITOR
21 8 2007

QUALITYMARK
QUALITY MARK NOVO SECULO
19 9 2007

24 8 2006

GERENCIAMENTO DE PROJETOS
COACHING PRATICO
8 2007

QUALITYMARK EDITORA

capítulo 30

OUVINDO A VOZ DO CLIENTE

Buscar preencher as necessidades e demandas dos nossos leitores é um exercício que exige uma disciplina e um esforço formidáveis.

Atender as solicitações dos nossos clientes com prioridade e o alinhamento com a temática do próprio evento são a fórmula do nosso sucesso.

Todos os funcionários da editora estão treinados para registrar as demandas temáticas e, após cada evento, as mesmas são passadas para mim.

Muitas pessoas se veem estimuladas a escrever, ao constatar que há uma editora no mercado que prestigia a inteligência nacional.

Nesses congressos recebemos a oferta de muitos originais, ou então solicitação de informações sobre temas sobre os quais algumas pessoas desejam escrever.

Orientados pelo nosso Guia do Autor, conseguimos que uma grande parcela desses originais seja aproveitada pela editora.

As indicações e recomendações são outra fonte de captação. A presença ajuda a esclarecer e dirimir dúvidas. Olhar nos olhos do cliente ajuda a fixar a imagem da editora.

capítulo 31

ALIANÇAS E PARCERIAS – UMA FONTE INESGOTÁVEL DE OPORTUNIDADES

O nosso crescimento também se deve ao fato de nunca termos temido buscar parcerias. As alianças estratégicas geraram novos livros.

Buscamos parcerias com entidades representativas, como a ABRH-Associação Brasileira de Recursos Humanos, UBQ-União Brasileira para a Qualidade, ABRAMAN-Associação Brasileira da Manutenção e IH-Instituto de Hospitalidade (Turismo e Hotelaria).

Criamos coleções exclusivas com essas instituições e assim contemplamos os profissionais dessas áreas. Esses, além de encontrarem os livros do seu interesse, acabam capturados pela diversidade de ofertas. A cada ano, estamos levando mais títulos de áreas afins em eventos setorizados.

Com a Fundação Dom Cabral temos uma parceria de muitos anos.

Recentemente, estabelecemos outra parceria com o Ibmec, lançando livros na área jurídica. Nunca tivemos interesse em publicar nessa área, mas, como fomos procurados, achamos que poderíamos aceitar o desafio.

A nossa parceria com a Serasa permite-nos oferecer ao mercado brasileiro os últimos lançamentos na área de risco de crédito. Esta coleção é hoje o principal instrumento na formação e capacitação desses profissionais.

A parceria inicial com a Quality Press nos permitiu trazer para o Brasil as melhores publicações sobre Qualidade e Produtividade. Para nosso orgulho, o livro *Pensamentos da Qualidade,* do Prof. Hélio Gomes, traduzido para o inglês, foi por alguns anos o segundo livro mais vendido do catálogo americano.

Essa experiência nos permitiu ousar novamente. Produzimos alguns títulos em inglês e espanhol, procurando a internacionalização. Infelizmente essa ideia não vingou do jeito que queríamos, por conta dos custos alfandegários e de exportação. Na época, esses custos inviabilizaram a nossa participação.

Hoje, com algumas mudanças introduzidas pelo governo, as exportações estão mais facilitadas.

Atualmente exportamos os nossos livros para os países de língua portuguesa, através da Dinternal-Grupo Escolar.

E através da Internet vendemos para o mundo todo!

>> VII Congresso Brasileiro da Qualidade e Produtividade – Entre 7 e 10 de Outubro de 1997 – Vitória – ES

capítulo 32

PERSONALIZAÇÃO
UM DIFERENCIAL IMBATÍVEL!

Uma das maneiras de gerar caixa rápido foi investir na venda de livros personalizados.

Em 1992 lançamos o livro *Ferramentas para Uma Melhoria Contínua*.

Esse livro, num formato que cabe nos bolsos dos profissionais, transformou-se no maior campeão de vendas da editora, com mais de 500 mil exemplares vendidos.

O segredo desse sucesso foi oferecer aos nossos clientes a possibilidade de inserir no livro quatro a oito páginas, falando da sua missão, visão e valores. O fato de também colocarmos na capa a logomarca da empresa – e eventualmente o selo dos seus programas de qualidade – fez com que as empresas de grande e médio portes adquirissem esses exemplares, para os seus funcionários e parceiros.

Não posso deixar de registrar que a primeira venda foi realizada para a CNI-Confederação Nacional da Indústria. Foi o estopim para esse sucesso.

A percepção do Coordenador (à época) da CNI, Luís Carlos Barbosa, foi decisiva para esse processo. Ele entendeu que as empresas necessitavam dessas ferramentas para aumentar sua competitividade.

A venda personalizada desses livros, durante o movimento da Qualidade e Produtividade, foi uma febre. Houve semanas em que atendemos mais de 10 clientes institucionais.

Para poder atender a todos no prazo mínimo de 7 dias, passamos a imprimir o miolo em grandes tiragens e o acabamento passou a ser feito de acordo com as demandas.

Esse livreto abriu definitivamente as portas das empresas para a Qualitymark.

O sucesso desse livro estimulou o lançamento de vários outros títulos nesse formato. No conjunto, esses livrinhos superaram a marca de um milhão de exemplares.

Essas vendas foram capitais para manter as atividades editoriais. Como não dispúnhamos de capital de giro, o adiantamento dessas vendas injetava os recursos para tocar o negócio.

Esse canal alternativo de vendas recebe uma atenção muito especial na editora.

Acompanhamos as notícias de mídia, as informações de terceiros ou captadas diretamente, para oferecer aos futuros clientes alternativas de publicações que possam auxiliar nos seus programas.

Com o tempo, percebemos que esse canal poderia ser ainda mais rentável.

Mais uma vez, inovamos ao produzir livros com capas de percaline, onde podemos personalizá-los um a um. Ou seja, hoje temos capacidade de colocar na capa o nome de cada pessoa que for recebê-los.

Esses livros se tornam únicos e ganham importância como presentes.

A cada ano, mais empresas nos procuram para o uso dessa alternativa.

Estamos trabalhando para oferecê-la para clientes individuais, que poderão escolher um título do nosso catálogo. Este título poderá ter uma página com uma mensagem personalizada e o nome na capa.

O potencial de vendas desse modo de publicação é enorme, porque poderemos trabalhar datas festivas, como o dia dos pais, das mães, dos namorados ou outras.

A busca por presentes originais e que possam surpreender sempre foi uma alternativa muito procurada.

Buscar inovações é uma luta cotidiana! Muitas vezes pequenas adaptações trazem grandes resultados.

Não ter medo de ousar sempre foi o nosso lema!

capítulo 33

EXECUTIVE EXCELLENCE

Em 1998, após pesquisas, conseguimos fechar um acordo para a publicação da revista *Executive Excellence*.

Somos a única editora, de um grupo de 43 espalhadas pelo mundo, que publica a revista com o atraso de apenas um mês.

Temos condições de publicar simultaneamente, mas não usamos esta possibilidade por conta da estratégia de vendas.

Quando decidimos lançar a revista no mercado brasileiro, ela era vendida nos EUA por US$ 119,90. Esse valor inviabilizaria o seu lançamento no mercado brasileiro, porque era proibitivo para a nossa realidade.

Decidimos montar um consórcio de empresas e oferecemos a elas a possibilidade de terem uma edição personalizada, onde teriam direito à página do editorial.

Essa revista publica artigos dos grandes gurus, *experts* e profissionais internacionais. É composta de artigos exclusivos, escritos de forma clara, objetiva e concisa, o que, nos dias de hoje, faz uma diferença muito grande, por falta de tempo para a leitura.

Outro fator diferencial é que ela não tem qualquer publicidade, nem mesmo da Qualitymark.

Com essa ideia, conseguimos viabilizar e baixamos o preço para aproximadamente 70 dólares. Essa economia foi conseguida graças ao consórcio de empresas que apostaram nesse estilo de publicação.

Além de inovar na área comercial, precisávamos inovar na área gráfica.

Explicamos para o nosso parceiro gráfico qual era a nossa ideia e juntos buscamos a solução. Hoje, temos vários clientes diferentes, recebendo as revistas personalizadas.

Recentemente percebemos que podíamos alavancar ainda mais a vendagem, permitindo a inserção de uma capa nas assinaturas adquiridas. Assim, permitimos a empresas menores fazerem as assinaturas de acordo com sua necessidade.

A amplitude e a diversidade de temas como liderança, motivação, aprimoramento, estratégia organizacional, para citar apenas alguns, permitem a montagem de revistas temáticas.

Nessas edições, a empresa escolhe os artigos existentes no nosso banco de dados e monta a sua própria revista de acordo com o seu interesse.

Usamos artigos passados para manter um relacionamento com os nossos clientes, parceiros e amigos.

Semanalmente enviamos para um *mailing* de pessoas – que nos autorizaram esse envio – um artigo direto. O segundo artigo ele lê no site.

Como não fazemos o envio de *mail marketing* dos nossos livros, o nosso leitor acaba descobrindo os lançamentos da editora no próprio site.

O resultado dessa estratégia é que as vendas por Internet começam na sexta-feira e seguem até terça-feira. Atingimos o pico aos domingos.

Elas vêm crescendo substancialmente mês a mês. Hoje, representam uma parcela significativa nas vendas da editora.

O sucesso dessa ousadia é a nossa carteira de clientes institucionais que recebem a assinatura dessa revista!

capítulo 34

MUDANÇA DA MARCA

Em 1998 percebi que o mercado editorial a médio e longo prazos sofreria um impacto por conta de novas tecnologias.

Numa atitude ousada e temerária, decidi modificar a logomarca da editora.

Durante oito anos trabalhamos para cristalizar a marca na cabeça dos nossos clientes.

Entendi que a mudança poderia, com o decorrer do tempo, se transformar num ativo fundamental.

Num primeiro momento fui duramente criticado porque todos os manuais de *marketing* e os próprios especialistas não recomendavam a mudança na marca. Fui tachado de louco!

Como a editora ainda era pouco conhecida, seria como se estivéssemos dando um tiro no pé.

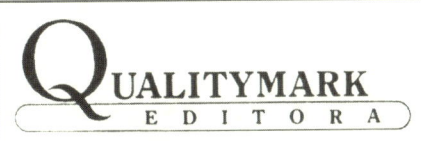

QUALITYMARK
EDITORA

>> **Logomarca antiga**

>> Logomarca atual

Mas como a marca é o resultado da experiência vivenciada pelo cliente, senti que a ousadia daria certo. A relação dos nossos leitores com a nossa marca era muito positiva.

Aquela era também a oportunidade de mudar e ampliar o escopo da editora.

A ideia era transformar a editora numa provedora de conteúdo.

Tínhamos adquirido um *know-how* inestimável com a personalização e isso poderia ser ampliado a um novo extremo: oferecer conteúdos personalizados de acordo com a necessidade dos nossos clientes!

A diversidade dos temas que publicamos poderá ter um potencial ainda maior, quando esses temas puderem ser utilizados parcialmente ou fragmentados.

Ou seja, imagine um professor que tenha que lecionar no semestre matéria sobre marketing. Ele agora pode escolher, dos diversos livros que temos sobre o assunto, as matérias e informar como pretende ter os capítulos organizados.

Esses livros, montados de acordo com o interesse do professor, podem também ter uma página com a relação dos alunos do curso.

Por se tratar de pequenas tiragens, elas exigem equipamentos próprios para esta impressão e acabamento.

Dessa forma, combatemos a pirataria, otimizamos mais e melhor os nossos conteúdos e garantimos direitos autorais parciais para os autores que tiverem capítulos selecionados.

Imagine uma empresa que queira fazer um treinamento para atendimento de clientes. Nós temos condições de montar um manual próprio para a mesma.

Se um estudante precisa montar uma monografia, nós temos como oferecer todos os temas pertinentes a ela. Caberá a ele preparar a mesma no menor tempo possível.

Portanto, as possibilidades são ilimitadas.

Essa decisão, difícil de ser entendida naquele momento, acabou virando o grande sonho de todas as editoras.

A única diferença é que, ao mudar a marca, adaptamos os nossos contratos editoriais para essa nova realidade. Isso hoje representa um ganho e nos dá agilidade para implementar esse projeto o mais rápido possível.

Nesse momento estamos sistematizando e digitalizando todos os conteúdos que já publicamos.

capítulo 35

RECURSOS HUMANOS DA EDITORA

Desde a criação da editora, sempre tive em mente transformar a empresa num local onde as pessoas pudessem não só aprender, como também criar a sua janela de futuro.

Dentro das limitações de quem está começando um negócio, entendi que era mais fácil eu me adequar ao profissional contratado, dando tempo para que ele começasse a trabalhar dentro dos valores nos quais eu acreditava.

Todo esse desempenho só está sendo possível porque temos um punhado de pessoas motivadas e alinhadas com o propósito da empresa.

Além disso, soubemos ao longo dos anos criar um ambiente de inovação, onde os funcionários têm espaço para exercer a sua criatividade.

Falar dos recursos humanos da Qualitymark é motivo de orgulho e satisfação para mim.

Quando iniciamos a editora, já tinha a compreensão de que era fundamental ter uma assessoria de imprensa.

A primeira jornalista contratada foi a Lúcia Stella de Moura.

Seu salário era maior do que as nossas retiradas (quase nenhuma). Mesmo assim, achamos que o trabalho dela era imprescindível.

Lúcia Stella se envolveu totalmente com a missão da editora e foi de uma importância capital para o nosso deslanchar.

Ela abriu portas junto à grande mídia, informando-os sobre a nova ciência, o novo saber que era a Qualidade e Produtividade.

Organizava entrevistas e indicava empresas que estavam aplicando programas de qualidade.

Ela estimulou-me a escrever para jornais e revistas artigos técnicos, para que a empresa tivesse maior visibilidade.

Havia a necessidade de termos um veículo que nos relacionasse melhor com os clientes. Sugeri criar uma revista e aí surgiu a PARCERIA EM QUALIDADE!

Essa foi a primeira revista sobre o tema no mercado brasileiro e era distribuída gratuitamente.

Ela só se tornou viável porque, mais uma vez, usamos a criatividade. Pelo fato de já ter trabalhado em gráfica, sabia que essas não tinham qualquer controle sobre o papel gasto. A editora, para produzir um livro, sempre teve que enviar 10% de papel adicionais, por conta do acerto e perdas da máquina.

Decidimos que somente enviaríamos 3%.

Além de baratear o custo do livro, ainda pudemos aproveitar o excedente para impulsionar esse projeto.

Para escrever os artigos convidamos profissionais e professores. Associamos a essa produção alguns artigos ou entrevistas internacionais.

Começamos a revista com 8 páginas e com o tempo foi ganhando corpo, chegando a ter 32. Dava trabalho colocar a revista bimestralmente no mercado.

Ela era a nossa porta de ligação com os nossos leitores.

O detalhe: não havia a venda de assinaturas. Oferecíamos as revistas nos eventos e assim as pessoas começaram a assinar gratuitamente.

Nos anos em que produzimos a revista, nunca recebemos qualquer reclamação por parte das gráficas, pelo fato de só receberem de nós 3% de papel adicionais.

Hoje, a realidade é outra. As gráficas estão mais bem aparelhadas, com equipamentos modernos onde os desperdícios são minimizados, muitas tendo programas de Qualidade e Produtividade e algumas já com a certificação ISO 9000.

Hoje nem precisamos mais fazer fotolitos, já que os sistemas modernos de impressão são fartamente utilizados pelos nossos fornecedores.

Saiu ganhando o leitor.

O nosso orgulho foi que a revista PARCERIA EM QUALIDADE foi um estrondoso sucesso. Inclusive virou tese de mestrado de uma aluna em Manaus.

Infelizmente descontinuamos a revista em 1998, para lançar a *Executive Excellence*.

Como já acentuado anteriormente, o trabalho da Lúcia Stella foi marcante na trajetória da editora.

Essa jornalista, além de ser bastante interessada em tudo que envolvesse a área empresarial, desenvolveu um plano de posicionamento da marca no mercado.

Formamos uma dupla bem afinada, que sabia explorar todas as oportunidades para ganhar visibilidade.

Falar de Qualidade e Produtividade em 1991 era uma temeridade, porque os jornalistas estavam mais interessados em saber de economia.

Como missionários, fomos mostrando a importância dessa ciência e como ela iria impactar a economia brasileira. Era apenas uma questão de tempo.

Ainda hoje tenho o maior carinho por essa jornalista que, além de brilhante, sempre se mostrou solícita, mesmo depois de ter saído da Qualitymark; jamais deixou de mostrar sua solidariedade, quer se oferecendo para abrir portas, quer para escrever algum artigo.

O grande legado dela é que me mostrou a importância de se ter uma assessoria de imprensa. Percebemos que essa divisão é fundamental para o sucesso da editora, até porque o trabalho é silencioso, persistente e cotidiano.

Quanto mais espaço se consegue de divulgação, mais retorno a editora tem, não só com a imagem, como também com a venda de livros.

Hoje, é um departamento de vital importância na nossa empresa.

Profissionais como Lúcia são inesquecíveis.

Como não dispúnhamos de grande capital, fizemos uma parceria com o Camp Mangueira, onde a D. Jandira encaminhava jovens de favelas para o seu primeiro emprego.

E foi assim que contratei como office-boy o Eduardo Correa.

Lembro-me de que ele tinha quinze anos, magro de dar dó, com um narigão marcante.

A timidez de quem mal sabia chegar do Alto da Boa Vista (onde morava) até a Praça Saenz Pena era comovente.

A sua primeira ida a Copacabana foi comigo.

Fomos de ônibus para que ele conhecesse o roteiro da casa do revisor, onde teria que levar as laudas dos livros. Ele nunca fora à praia de Copacabana e lá fomos nós para tomar um sorvete e apresentá-la. Foi um momento inesquecível.

Naquele dia, entendi que eu poderia fazer a diferença na vida de muitas pessoas.

Ensinei-o a andar pela cidade.

Após o trabalho, o Eduardo ainda tinha que ir para a escola e só poderia continuar a trabalhar se tivesse boas notas. Muitas vezes chequei as notas dele, como também o ajudamos nos deveres de escola.

A comoção dos pais adotivos do Eduardo, pessoas simples, porém corretas, me emocionou quando vieram agradecer a oportunidade que eu estava dando ao filho. Foi marcante aquela cena!

O Eduardo se transformou numa grande alegria.

Ao perceber o fascínio que o computador XP causava naquele jovem, decidi incentivá-lo a usar.

Autorizei que usasse o único computador da empresa, nas horas em que ele não tivesse nada por fazer. No início da editora, sobrava tempo...

Começou jogando o *PacMan* e, com o tempo, já ousava digitar textos que nós rascunhávamos para ele.

Aquele fascínio por computador foi tocante. Decidi então que ele fizesse um curso no Senai e assim, aos poucos, o menino que eu ensinara a usar o computador acabou virando um craque.

Passo a passo foi galgando funções na empresa. Hoje, além de me ensinar e passar dicas sobre operações de *softwares*, o Eduardo é o responsável pela manutenção do site e do atendimento via Internet. Tem autonomia para decidir o que colocar no site, lançar promoções. Cuida da mala direta e do atendimento dos professores.

Esse aprendizado ele adquiriu por iniciativa, curiosidade e sim, pelo desejo de crescer profissionalmente. Separado, pai de 2 belos garotões que já são feras em informática, o Eduardo continua comovendo-me pelas ações que ele tem fora da empresa. Além de ter sido monitor de informática da associação do bairro onde morava, ajudando na inclusão digital de jovens seus vizinhos, ele ainda conseguia arrumar tempo para visitar crianças enfermas, travestido de palhaço.

Esse ano termina, na Faculdade Estácio de Sá, o seu curso de *webdesign*.

Sinto orgulho ao ver aquele jovem tímido, que mal sabia andar pela cidade, ganhar uma nova consciência. A de servir!

Assim como o Eduardo, temos o caso do Renatinho, jovem egresso do Morro dos Macacos, uma favela do Rio de Janeiro. Esse jovem, apesar do baixo estudo, tem uma rara inteligência para solucionar problemas.

Mesmo incentivado a estudar, foi de uma franqueza brutal comigo, quando me disse que o objetivo dele era fazer o trabalho corretamente.

Em 1992, ao lançarmos o livro *Times da Qualidade*, um projeto ousado para a época e um desafio que vencemos com competência, ele percebeu que o formato especial do livro gerava problemas para o transporte.

Como esse livro era espiralado e em duas cores, os nossos clientes reclamavam muito quando recebiam os mesmos. Os livros chegavam com a sobrecapa rasgada, o espiral danificado e, pelo preço que custavam, geravam um prejuízo enorme.

Buscávamos uma alternativa para sanar aquele problema. O Renato entrou na minha sala com a solução pronta. Trouxe uma caixa no formato do livro, na qual cabiam 20 exemplares.

Perguntei por que cabiam 20 exemplares e a resposta foi fantástica. Agora só vamos vender esse livro para os distribuidores se eles levarem 20 exemplares de cada vez. Aproveitou a deixa e solicitou que as caixas já viessem impressas com a logomarca da editora e o endereço. Aquilo era óbvio, mas nós não tínhamos percebido isso até então.

Ele foi autorizado a negociar com o fornecedor e fiquei mais admirado quando insistiu com o mesmo que usasse um cartão reforçado.

E o interessante é que, a partir daquela data, passei a estimular a criação de um ambiente permitindo aos funcionários terem ideias e, dentro da medida do possível, implementá-las.

Hoje ele é o chefe de expedição da editora e conhece todos os livros de forma prática. Nos eventos em que ele toma conta do estande sozinho, se vira maravilhosamente. Explica em poucas palavras os conteúdos dos livros que publicamos, surpreendendo os clientes pela agilidade e pela presteza com que os orienta.

Apesar de procurar ser um orientador de carreiras, de vez em quando pego pesado com eles. Há a necessidade de mostrar o certo e o errado.

O Renato é o exemplo do menino que eu demiti por quebra de confiança e, um ano depois, chamei-o de volta. Após uma conversa dura e franca, decidi dar para ele a segunda chance, pois a quebra de confiança acontecera por conta da baixa escolaridade.

Promovi-o a chefe de expedição, deixando sob sua responsabilidade todo o estoque da empresa. E, graças a Deus, mais uma vez a minha intuição se mostrou correta, porque nas contagens por amostragem do estoque este sempre está correto.

Renato continua na editora mas virou um empreendedor na favela onde mora. Montou uma birosca para aumentar a renda e assim cuidar melhor da família.

Tem um astral elevado, sempre sorridente e não perde uma oportunidade para fazer piada!

Marta foi a primeira funcionária que contratei depois do Eduardo. Ela se juntou a nós para cuidar da parte administrativa. Hoje trabalha em casa, por conta dos filhos pequenos. Isso só é possível pela longa relação de confiança que criamos ao longo dos anos. Ela sempre está disponível para nos substituir na editora.

Luciana é a nossa assistente financeira. Chegou como estagiária de vendas e quase foi dispensada após o período de testes. Mas algo me chamou atenção nessa moça. Para escrever ela praticamente se debruçava sobre o papel e aí identifiquei que o problema dela era a visão. Convidei-a a procurar um oftalmologista e, nesse meio tempo, sugeri à Hamida, minha sócia e esposa, que aproveitasse a moça na sua área. Rápida no aprendizado, vem exercendo a função nos últimos 7 anos. Está há 10 anos na Editora.

Voltou a estudar e, em breve, se formará em administração. A Luciana é arrimo de família e graças a Deus venceu o desafio. Por uma pequena distração poderíamos ter perdido uma ótima profissional.

Ela nos dá muita tranquilidade pela responsabilidade na função que exerce.

A área que eu considero mais difícil é a do suporte. Nós temos uma profissional, a Eva, que apesar dos seus quase dois metros de altura consegue docilmente lidar com os nossos autores. Ela cuida desde a feitura dos contratos à emissão de relatórios de vendas e atender as mais diversas demandas desses autores. Lidar com eles não é uma tarefa fácil.

Mas a Eva vai vencendo o desafio do dia a dia.

A minha área de produção é capitaneada pelo meu velho amigo e irmão, José Carlos. Um cara genial (em todos os sentidos).

Conheço o Zé há mais de 25 anos. Foi ele que me ajudou a lançar o primeiro livro, quando me apresentou ao dono da gráfica onde empenhei o meu carro. Na época, o José Carlos estava com a sua própria editora, até que um dia o encontrei numa gráfica. Convidei-o a trabalhar comigo e, depois que ele assumiu, aos poucos fui me afastando da produção gráfica. Hoje, seleciono o livro e entrego nas mãos dele, informando-o da data de lançamento (sempre para ontem) e sei que terei o livro pronto dentro das especificações da editora.

De vez em quando temos fortes discussões, mas nada que depois da cabeça fria não possa ser resolvido.

Ele é hoje a peça vital para o bom cumprimento dos prazos de produção dos livros.

O José Carlos é a pessoa mais velha (em termos de idade) da editora e goza da nossa amizade como parte dessa família.

Para melhorar a nossa performance de vendas, criamos uma aliança estratégica inédita, com a Novo Século Editora. Destaco a sinergia que criamos com Luís Vasconcelos, editor e proprietário.

Conseguimos fazer com que duas empresas distintas tivessem a mesma linguagem, com respeito e responsabilidade. As nossas editoras têm perfis claros e bem definidos. Dessa forma criamos sinergia, para uma distribuição mais agressiva e forte no mercado.

O profissionalismo e a competência que o Luís e sua equipe demonstraram ao longo dos anos nos dão a tranquilidade e a garantia de um trabalho bem feito a quatro mãos. Por isso, faço questão de ressaltar essa relação, porque essa equipe também é a Qualitymark.

Deixei o Marcos Lourenço para o final. Talvez seja a fisionomia mais conhecida da editora, já que está presente em quase todos os eventos. A nossa amizade começou na época em que trabalhamos na Discos CBS/Sony Music. Marcos era o auxiliar da tesouraria e eu fui o padrinho para a promoção para a área de vendas. Ele surpreendeu os diretores com a sua performance.

Ficamos uns tempos longe e, na primeira oportunidade, trouxe-o para a coordenação de vendas da editora. É o meu fiel escudeiro, o cara que mais deve saber da minha vida (viajamos quase sempre juntos para os eventos), mas, acima de tudo um profissional leal, parceiro, amigo e que não se constrange quando tem que me chamar a atenção. Marcos consegue surpreender e suplantar qualquer expectativa, com a sua conduta calma e responsável.

Poderia citar muitas outras pessoas marcantes na trajetória da editora. A nossa satisfação é que até os que foram tentar outros desafios mantêm contato conosco, para contar suas vitórias ou derrotas. Nós conseguimos transcender a relação patrão-empregado, num círculo virtuoso onde todos se complementam.

capítulo 36

O FUTURO

O mercado editorial vem ao longo dos últimos anos sofrendo grandes desafios. A alta tecnologia, a Internet, uma nova geração de leitores (mais superficiais e práticos, chamada geração Y), a falta de estímulo para leitura (que tem de competir com mídias com maior apelo), a falta de políticas para o mercado livreiro, sofrendo com gargalos de distribuição, as perdas por conta da pirataria quase institucionalizada nas universidades e faculdades, colocam um grande ponto de interrogação na cabeça dos profissionais do mercado.

Há mais de 15 anos vimos os primeiros *e-books*. Parece que agora, com as novas descobertas da tecnologia, essa realidade começa acontecer. Essa realidade já chegou ao Brasil. No final do ano, teremos uma oferta enorme de títulos na área digital.

Sei que o livro é insubstituível. O que vai mudar é que agora ele estará em outros formatos. Mas a tão decantada portabilidade do livro acaba de ser destronada pelos *e-readers*, que além de poderem alocar toda a biblioteca, terão a possibilidade de permitir pesquisas em todo o acervo. Essa particularidade de fazer a busca de parágrafos ou textos em tempo real é uma grande ferramenta que dificilmente poderá ser superada. Recentemente, foi lançado no mercado um e-reader IPAD que, pelo seu desempenho estrondoso de vendas, aponta os novos rumos que o mercado editorial vai ter que trilhar.

Esses dispositivos, embarcados com chips cada vez mais poderosos, com design inovador, telas de alta definição, com múltiplas funções, certamente tem um apelo muito forte junto aos jovens. Estes estão muito mais familiarizados com a alta tecnologia que esses dispositivos apresentam.

As inúmeras possibilidades que esses dispositivos oferecem deverão determinar de que forma o conteúdo editorial poderá ser apresentado.

Identificar as oportunidades neste novo mundo de alta tecnologia, talvez seja o maior desafio para os editores, que terão que repensar toda a sua arquitetura de negócio. Cabe aos editores identificar novas oportunidades nesse mundo tecnológico.

Nós estamos atentos e alinhados a esses novos tempos. Como tirar vantagem dessas novas ferramentas pode ser um desafio muito interessante. Recentemente uma empresa de RH identificou que uma das profissões do futuro será o *narrowcaster* (profissional com domínio em mídias variadas e que formatará conteúdos individuais). É provável que com a contínua migração da indústria editorial esta venha a contemplar essa demanda. Quem tiver criatividade e ousadia certamente vencerá esse desafio.

Vamos tentar tirar o máximo de vantagem dessas novas tecnologias. A editora já tem o seu acervo inteiramente digitalizado. E, como disse lá atrás, os clientes darão preferência a marcas já experimentadas.

Esperamos, assim, voltar a fazer a diferença!

capítulo 37

PALAVRAS FINAIS

O segredo do sucesso na vida de um homem consiste em estar disposto a aproveitar a ocasião que se lhe depare.

"Benjamin Disraeli"

A motivação para escrever este livro foi aumentada ao longo dos últimos anos, por conta de convites para proferir palestras em universidades. Nelas passei a ter um contato muito estreito com jovens ávidos em aprender. Após todas as palestras, era questionado sobre por que nunca ter escrito um livro.

Explicava que a minha função era ser um bom editor. Assim, eu poderia assegurar a qualidade das publicações que produzíamos.

Mas, por outro lado, o desafio que esses jovens impunham ficou ruminando na minha cabeça ao longo desses anos. Poderia ter escrito um livro técnico, como tantos que já publicamos.

Procurei fugir desse estereótipo porque queria escrever algo que pudesse contribuir com aqueles que um dia tentassem ter o seu próprio negócio.

A coragem de, aos 38 anos, perseguir o sonho, um momento capital na minha vida, fez com que o sonho virasse realidade.

Muitas coisas aconteceram ao longo desses 20 anos. Daria para escrever vários livros. Tive a preocupação de pinçar os aspectos mais importantes da minha história pessoal. Está claro que cada um tem a sua vivência, as suas experiências positivas e negativas, mas se houver determinação e persistência, o sonho acalentado pode virar realidade.

O Brasil tem inúmeros casos de sucesso de empreendedores. O que falta é que esses exemplos ganhem registro e assim possam contribuir para os que querem perseguir os seus sonhos.

A Qualitymark conseguiu superar esses desafios ao longo dos anos, por conta da sua obstinação em querer vencer, fazer a diferença, contribuir para a formação dos profissionais brasileiros.

Temos isso como orgulho, tanto é que todos os nossos livros levam na segunda capa a bandeira do Brasil.

Sabemos que os nossos desafios ainda são grandes. Periodicamente somos procurados para vender a editora, mas ainda achamos que não é o tempo, por conta da nossa proposta, que é de fazer a diferença.

Com ética, trabalho sério, vamos enfrentando esses desafios. Começar uma editora com um capital de US$ 200,00, admito, foi uma loucura. Hoje não teria essa coragem.

>> Prêmio Jabuti – Melhor livro na área de ADMINISTRAÇÃO –livro PGA-Programa de Gestão Avançada (1994)

Porém, para os que querem começar um empreendimento, as condições do mercado são propícias, com fartos financiamentos, com cursos de orientação, com uma legislação mais branda e com oportunidades enormes. O empreendedorismo é a mola mestra desse país para a geração de empregos e uma melhor distribuição de renda. Acredito que esse seja o caminho.

Este esforço, para posicionar a Editora num mercado altamente competitivo e duramente disputado, teve as suas recompensas pelo inúmeros prêmios e reconhecimentos que a Editora, ao longo destes 20 anos, vem obtendo.

Obviamente que não podemos deixar de lembrar que é necessário um bom plano de negócios, aliado a um planejamento estratégico. Como também é importante que se tenha uma disciplina fiscal, tributária e financeira forte, porque ela é alicerce do sucesso.

Como disse Goethe: "A partir do momento que você decide, de alguma forma a providência se mexe e de onde você menos esperar chega a tão desejada ajuda".

Eu tenho muito a agradecer e temo que essas páginas sejam limitadas para o enorme contingente de pessoas que, de alguma forma, fizeram em algum momento

>> Prêmio Destaque Institucional pela ABMN- ASSOCIAÇÃO BRASILEIRA DE MARKETING E NEGÓCIOS (1977)

parte da minha vida. A essas pessoas que contribuíram com palavras de incentivo ou com críticas, quero lembrar que as mesmas foram acatadas e, dentro do possível, estimuladas. Muito obrigado!

A escolha em ter uma Editora também me proporcionou oportunidades únicas de conviver com grande gurus, estar mais perto deles e aprender. A capacidade de aprender nunca foi desperdiçada. As palavras e os ensinamentos destes gurus, especialistas e profissionais, sempre tiveram eco em mim. Elas, num primeiro momento, perturbavam, depois viravam desafio e me instigaram sempre para pôr em pratica. Não me arrependo, pelo contrário, só posso agradecer essas oportunidades todas.

Conhecer grandes nomes do cenário mundial talvez esteja sendo a minha maior recompensa. Tive a rara felicidade de estar com os principais nomes da área da Qualidade, desde o Deming a Juran, passando por Ishikawa, Crosby, Feingenbaum, Chang e tantos outros. Alguns tive o privilégio de recepcionar aqui no Brasil, a nosso convite, para proferirem palestras. Gerar debates, permitir a voz diferenciada, trocar experiências, escutar tendências e boas práticas, sempre foram a grande missão da Editora.

Conviver com estes iluminados, foi a maior bênção que recebi.

O estímulo para não desistir veio primeiro de Deus; depois, do forte alicerce familiar e do contínuo incentivo daqueles que jamais deixaram de acreditar.

>> Empresa TOP 5 – Funcionários da Qualitymark

>> Stephen Covey e Mahomed

>> Mahomed, Yoshio Kondo e esposa

Minha filha, que passou por algumas situações difíceis, que teve o pai mais ausente do que presente, pode ter certeza de que essa jornada toda teve você como o farol que norteou as minhas ações. Eu não poderia jamais decepcioná-la. Hoje tenho a felicidade de vê-la formada, apesar de uma pequena tristeza no coração pelo fato de não querer tocar a editora; sei que a preparei para os desafios mundanos. Sei e tenho a certeza de que será uma vencedora, porque ela foi temperada pela determinação, perseverança, ousadia e muito amor dos pais.

Hamida, companheira da jornada, o grande amor da minha vida (venho vivendo com ela uma bela história de amor), solidária no sonho e no momento mais decisivo da minha carreira, que apostou e acreditou que seria possível este sonho, aqui registro o seu pedido.

Para a mulher espetacular que dividiu os maus e os bons momentos, passando força e energia, que chamou a si a responsabilidade de educar a nossa única filha, transformando-a no nosso orgulho, as palavras são muito poucas para expressar a enorme gratidão por fazer parte da minha trajetória.

>> Mahomed, Dr. Joseph Juran e grupo de brasileiros

160 ♦ DESISTIR? NUNCA!

Está aí o livro que queria que eu escrevesse. Ele é todo dedicado a você.

Como palavras finais, a tantos jovens que me têm escutado em tantas palestras já proferidas aqui e no exterior, que me têm sempre cobrado o livro, quero dizer que cada um de vocês pode escrever um lindo capítulo na sua vida, desde que se prepare com afinco, com determinação e com entusiasmo.

Você pode fazer a *diferença*, portanto, faça-a!

Eu já a fiz e continuo fazendo!!!!

>> Mahomed e Eduardo Corrêa – Prêmio SEBRAE

>> Prêmio destaque ABRH-NACIONAL (2004). Cássio Matos e Mahomed

>> Mahomed e Jairo Mancilha – Prêmio Talento Humano – ABRH – PI (2010)

>> Heloisa Machado (TV Globo), Mahomed, P. Novaes (Jornal O Globo), Nelson Savioli (Fundação R. Marinho) – Homenagem ABRH – Rio (2010)

>> XIII Seminário Brasileiro de Controle de Qualidade – Copacabana Palace Hotel – 1989

>> Dr. Jorge Gerdau entregando a Medalha de Mérito do RS.
Foto: temporalfotos.com.br

>> Prêmio Integracion Latino Americano na área de Educação (2003)

W. EDWARDS DEMING, PH.D.
CONSULTANT IN STATISTICAL STUDIES

WASHINGTON 20016
4924 BUTTERWORTH PLACE

TEL. (202) 363-8552
FAX (202) 363.3501

9 May 1992

Dear Mr. Mahomed,   FAX 021.204.0687

I shall be in Washington for a 2-day seminar 28 and 29 May. I suggest that the best time to talk would be during a coffee-break during the seminar. I thank you for the chance to meet you, and I remain with best greetings

Sincerely yours,

W. Edwards Deming

To Mr. Saidul Rahman Mahomed
   Qualitymark
   RIO de JANEIRO

QUALITYMARK EDITORA

Entre em sintonia com o mundo

QualityPhone:

0800-0263311

Ligação gratuita

Qualitymark Editora
Rua Teixeira Júnior, 441 – São Cristóvão
20921-405 – Rio de Janeiro – RJ
Tels.: (21) 3094-8400/3295-9800
Fax: (21) 3295-9824
www.qualitymark.com.br
e-mail: **quality@qualitymark.com.br**

Dados Técnicos:

• Formato:	16 x 23 cm
• Mancha:	12 x 19 cm
• Fonte:	Bookman Old Style
• Corpo:	12
• Entrelinha:	14
• Total de Páginas:	180
• Lançamento:	Agosto/2010
• Gráfica:	Sermograf